易明赋能系列丛书

上接战略 下接绩效
培训落地新方法

田俊国◎著

图书在版编目（CIP）数据

上接战略 下接绩效：培训落地新方法 / 田俊国著.
—北京：北京联合出版公司，2020.11
 ISBN 978-7-5596-4471-8

Ⅰ.①上… Ⅱ.①田… Ⅲ.①企业管理—职工培训
Ⅳ.① F272.921

中国版本图书馆 CIP 数据核字（2020）第 142527 号

上接战略 下接绩效：培训落地新方法

作　　者：田俊国
出 品 人：赵红仕
选题策划：北京时代光华图书有限公司
责任编辑：徐　樟
特约编辑：李淼淼　太井玉
封面设计：新艺书文化
版式设计：内秀内文

北京联合出版公司出版
（北京市西城区德外大街 83 号楼 9 层　100088）
北京时代光华图书有限公司发行
北京雁林吉兆印刷有限公司印刷　新华书店经销
字数 169 千字　　787 毫米 ×1092 毫米　1/16　16.5 印张
2020 年 11 月第 1 版　2020 年 11 月第 1 次印刷
ISBN 978-7-5596-4471-8
定价：68.00 元

版权所有，侵权必究
未经许可，不得以任何方式复制或抄袭本书部分或全部内容
本书若有质量问题，请与本社图书销售中心联系调换。电话：010-82894445

学员感言

刁庆军
清华大学继续教育学院党委书记

　　田老师通过实践案例研讨及归纳总结，厘清了企业大学运行的内在机理。企业大学作为企业内部学习平台，为高层管理者、中层管理者、业务骨干、一线员工规划了不同学习目标、设计不同学习内容，促进他们之间相互作用，从而使企业大学发挥出上接战略、下接绩效的战略引擎作用。

　　田俊国老师在授课中提出的许多观点令我耳目一新，引发思考。其中几句话让我印象深刻：给知识要通过讲授，给能力要通过转化。培训不是以传授内容为主要目的，而是以促进能力转化为主要目的。知识改变命运是伪命题，能力才能改变命运。

　　田俊国老师写成此书，我认为是非常有价值的事！强烈推荐给企业大学管理者、研究者以及为企业人才发展服务的高校继续教育的同仁们！

谢文虎
中国石油管理干部学院院长

　　到学院任职之前，我是培训业务的外行。5年来对我工作思路影响最大的是我崇拜的两位企业家。

　　一位是大名鼎鼎的杰克·韦尔奇。他执掌GE公司20年，使GE的市值翻了20多倍，为世界500强企业输送了140多位CEO，使

GE各项业务都做到了"数一数二"。

另一位是中化集团现任董事长宁高宁，他先后任职华润集团和中粮集团长达16年。在他的领导下，这三家以贸易为主营业务的企业先后成功转型为实业集团。其中中化集团以科技公司为进一步转型升级目标，也做得风生水起。

他们都很成功，分析他们成功的因素可以发现他们的共同点：都很重视企业培训机构的作用，都很善于运用行动学习推动工作。

对这个关键成功要素的领悟，启发了我对学院定位的再认识。参加了田校长首期"企业大学校长高研班"以后，我对学院的定位完全清晰了，那就是"上接战略，下接绩效"。

章林
中银大学常务副校长、中国银行教育发展部总经理

在VUCA时代，企业要实现永续发展，必须拥有不断迭代的变革能力，支撑这种变革能力的是组织学习能力。组织学习不单是知识的学习和单个个体的学习，而是全体成员的共同智慧、集体心智、全面协同能力的不断学习提升。如何使组织学习真正落地？田俊国老师10年前提出的"上接战略，下接绩效"理念和方法是不二法门。经过10年的自我迭代，田俊国老师已将其上升为更系统的理论框架、操作模型和实施路径，并在多期企业大学校长培训班中和众多同行一起打磨，让理论和实践不断精进。

我曾上过田老师的相关课程，受益匪浅。相信经过多次迭代的培训落地新方法，一定会惠及更多企业和企业培训人。

蒋欣
光大大学执行副校长

上完田老师的课，我有种拨云见日、豁然开朗之感。田老师的理论功底和长期教学实践真知，使我受益匪浅，工作有思路，身心得滋养。

为我指明了企业大学的发展方向，战略定位从"上接战略，下接绩效"入手，特别是四象限资源摆布的均衡理念使人印象深刻。

我对企业大学的主要任务也有了更明确的认识，企业大学要做全局性的、持续性的、系统性的培训，使培训者具有业务设计、解决问题、经验萃取、复盘反省能力，特别是经验萃取，可谓重中之重。

明确了定位和方向后，通过对五个关键问题的讨论讲解，不仅让我加深了对定位、方向的理解，更为我提供了下一步操作指导，体系怎么建？内训师队伍怎么建？队伍怎么带？……都迎刃而解。

田老师所传授的不仅是指导意义极强的方法论，背后还传递着和谐、独立、滋养的"陪伴成长"领导力理念，思考精进的独到哲学，不仅使学员从教学上大有精进，更对个人的成长、心力大有裨益。

至善、明德、亲民，大学之道其修远兮，有田老师传道授业，指点迷津，可谓你我的幸运。

高旭升
方太大学执行校长

伴随着公司的变革转型，方太大学正持续进行着战略定位的转移和升维，包括普及并塑造方太特有的用于解决问题的方法论、通过标杆学习强化对中高层干部的认知迭代、站在中西合璧的视角重新定义企业大学、塑造中西合璧和全人教育的个性化标签等。忙碌之余，田老师发来让我为新书寄语的邀请，同时，也发来了两年前我在"赋能型企业大学校长高研班"上的课程收获分享，看到当初的分享内容才发现，今日我所践行的早已在两年前的课堂上埋下了种子，心生欢喜！田老师是实战型资深专家，该书也是非常实战、实用、有实效！相信每一位致力于发挥企业大学最大效能、助力组织成功的有志之士都能从中获益。

孙乐
中广核大学（党校）高级培训经理

田老师的课与书是同体的，每次开卷都宛如重回田老师的课堂。

作为 VUCA 时代的企业大学人，常常会被不期而至的认知迭代弄得无所适从。此书上接战略，下接绩效，以独特的企业大学建设模式，指引企业大学人走出混沌，从领导力、执行力、知识力、胜任力和文化力出发，全面构建组织能力提升全景图，助力企业培训真正落地。

如有机会，真想重回田老师的课堂再过一把瘾！

罗国凯
诺亚控股人才发展中心总经理

2018 年年初有幸参加了"企业大学校长班"，田老师的教学内容总能逼迫大家进行触碰盲区的深度思考。通过学习，我厘清了企业内部培训理念和方法论，也明白了企业大学校长个人修养和成长之路。田老师对每位学员细致的观察和直击内心的点评，以及言行一致，知行合一的教学风范，深刻诠释了教育和师范的涵义。

李一平
首都机场集团公司管理学院副院长

《上接战略 下接绩效：培训落地新方法》终于付梓了！熟悉田俊国老师的朋友们这些年一直在催促他将迭代的内容出版，现在我们期待已久的新作终于面世，真是令人高兴！

文如其人。田俊国老师学养俱佳，他通过海量阅读，不断汲取智慧养分，并在长期的实践与教学中融会贯通，保持着对培训行业的深刻洞察，这让他的书与课具有极强的思想性和启发性。在同行眼中，他是培训人的导师，被尊称为"老师"。他自己则有更高的追求——"活着是为了改变中国教育"。也许正是这份执着，感召着接触他的人，燃起对培训事业的热情，同他一道躬身入局。

想要攀登事业的高峰，就要选择与高人同行。亲爱的朋友，与书结缘、用心去读、大胆实践、勇于成功，让我们一道，不忘初心，坚定前行，只争朝夕，不负韶华！

张毅
锐捷网络股份有限公司内销售部总经理兼训练部总经理

田老师给我的第一印象是博学、睿智。2018年，朋友给我推荐了一本《上接绩效 下接战略：培训就该这样搞》，说是用友大学田校长写的，在培训圈里很火爆，应该对我有帮助。这本书给我打开了教育教学、人才培养领域的一扇新大门。

后来，田老师邀请我参加了他举办的"企业大学业务实务高级研修班"，课程让我受益匪浅，不但从理论层面把组织学习的框架构建得相当扎实，而且提炼总结了关于复盘、问题解决、经验萃取等组织学习中常用的方法和工具。田老师把他十几年来的学习、教学、实践、思考成果都浓缩到了课程中。

听闻田老师把这门课程成果写成了新书《上接战略 下接绩效：培训落地新方法》。作为有着多年业务经验的培训负责人，一方面，我推荐企业内部负责培训、人才发展的部门看这本书，这样能掌握更多先进的工具和方法，对提升自身专业性很有帮助；另一方面，我推荐企业业务部门管理者和企业高管看这本书，因为组织学习不是培训部门的事情，而是每个团队管理者的本职工作，发展培养人才也是所有管理者当仁不让的第一要务。人的问题解决了，事自然就能干成。

最后，祝各位都能够通过这本书，学到想学的东西，悟到该悟到的道理，最终建构真正属于自己的培训落地新方法。

黄凤文
北京祥龙大学副校长

田老师作为率先在国内创立企业大学的资深专家，从实战角度给出了企业培训的主导思想、工具方法，以及内训师队伍建设方案。此书对于致力于建设优秀企业大学的管理者们，无疑是一道福音，是必选之书。

董金泉
郑州农商银行行长

　　战略与绩效，是企业发展的永恒课题。光是此类书籍，就多到了"乱花迷人眼"的境地。在田老师的新作中，能读到战略与绩效连接的方法路径，令人拍案称是。此书正是寻找战略与绩效连接的"蓦然回首处"。

宫艳卿
拜耳作物科学（中国）有限公司培训总监

　　我2017年结识田老师，请田老师协助我的内训师团队开发了一门全国轮训"有效拜访"精品课程，拜耳的内训从此如火如荼地开展起来。惊悉田老师最新研究成果出版，特此极力推荐，因为这是一本辅导企业大学让培训落到实处、收获实效的宝典，值得所有企业的管理者和培训经理拥有。

周烨
立邦长润发商学院院长

　　看田老师的书，上田老师的课，和田老师聊天，我一定要全神贯注，因为信息量大，知识点多，要时刻准备消化转换、交叉关联，认知在不知不觉中就得到了升华。

　　战略决定组织方向，策略引导组织执行，而绩效则最终评估战略和策略落地。当各行各业都在指数级发展时，组织学习要对准企业战略，有效推动绩效提升。

　　期待和更多朋友一起分享田老师的精品书籍，借田老师智慧和内功为我们打通任督二脉。

前言

企业培训要做到"上接战略,下接绩效"是我 10 年前提出的口号。我已经不止一次地验证了这 8 个字背后蕴含的能量,在培训工作遇到困难的时候,我就反复念诵"上接战略,下接绩效",一会儿就来了灵感。我甚至感觉这 8 个字是我激活创造性的法门,总能引领我的思维方向。也许"上接战略,下接绩效"是一个很难实现的培训理想,但非常值得坚持。

2020 年对大多数人来讲都是很特别的一年,突如其来的疫情打乱了很多人的节奏。我也难得一段清闲,正好可以干平时顾不上的重要不紧急的事情,就索性猫在家里写书,40 天时间里竟写完两本书近 30 万字。本书聚焦培训要出实效的策略和方法,解决"怎样做培训才更有效"的问题,另一本《上接战略 下接绩效:组织学习新范式》聚焦组织学习的战略定位,解决"做什么培训更有价值"的问题，两本书自成套系。

本书内容分为七章。

第一章探讨培训如何才能做到"上接战略，下接绩效"，讨论了造成培训效果不佳这一顽疾的根本原因，其中既有定位不准、职责不清的问题，也有从业者动力不足、能力不够的问题，归根结底，是要系统化思考新时代的组织能力提升应该如何改变的问题。在新的时代里，组织必须灵活高效地调整战略才能适应快速多变的商业环境，而战略的调整必然意味着保障战略有效执行的组织能力也要适应性调整，因此，只有把学习融入战略制定、变革推进、业务开展、文化建设等工作场景中，才能真正做到上接战略。同样的道理，只有敢于直面实际问题的培训内容和做重在转化的培训，才能真正做到下接绩效。

第二章探讨的建构主义和第三章讨论的行动学习是做"上接战略，下接绩效"培训的重要基石。建构主义是基本信仰。每个人都有自己认知世界的地图，知识是基于个体经验的主观建构，学习是学习者将外来知识与自己已有知识经验结合的主动消化过程。因此，学生永远是学习的主体，任何能力都是学生自己主动探索的结果，老师的作用无非是启发学生富有成效地思考。学习的社会化也是建构主义的核心主张，课堂本质上是为促进学习发生而临时搭建的社会系统，同样的内容，不同的人学到会有不同的反应，同学们彼此交换各自的反应，能够相互促进新知和自己旧知经验的结合。建构主义教学主张下的课程更敢于直面问题，更强调课堂的互动对话，更重视学生的吸收转化，教学效果也能够当堂检验。行动学习

前　言

则是建构主义教学主张落地的基础方法，其本质是社会化的经验学习。第三章介绍了我对行动学习的五次认知迭代过程，每有理解升华，必有拓展应用。行动学习是能够广泛运用到方方面面的基础原料，它作为一种基础的工作方式，能够运用到多种场景中。行动学习也非常值得作为基本工作技能在整个组织中推广普及，推广策略在本书中也做了讨论。

第四章的五星教学和第五章的课程开发也是如影随形的关系，五星教学如同演出，课程开发如同编剧。五星教学是有效的启发思维、组织互动和促进转化的教学框架。第四章介绍了我对五星教学的最新理解和应用，从认知心理学和教育心理学的角度深度剖析了五星教学的思想精髓和常见误区。把握了思想精髓就能够穷神知化地灵活运用。在五星教学的基础上，我改进发展出更简单、有效、易学习的三浪教学。值得一提的是，我对五星教学从最初小心翼翼地模仿到最后融会贯通地发展应用的过程，也是主动建构个人版本的理解，将通用理论转化成自己独到套路的学习过程的经典实例。关于课程开发，我写过《精品课程是怎样炼成的》一书。在实践中，我对课程开发也有过多次的认知迭代和应用升级，比如把课程开发理解为特殊的病构问题，对态度、知识、技能的教学策略也有了很大的升级，更加强调用敏捷迭代的方式快速把解决实际问题的经验萃取成课程、再在实践中持续优化的方式。还记得曾在《上接战略 下接绩效：培训就该这样搞》一书前言中写道：建构主义＋精品课程开发＋五星教学＋行动学习＝所向披靡。而今回顾，这个等式依然成立。建构主义是基本信仰，行动学习是基本方法。有问题没有答案，就用行动学习的方式群策群力找答案；问题解决了，就从经验中萃取知识，开发成精品课程，再用五星教学授课，帮助学生吸收转化。培训工作不就这些事儿吗？

若想更进一步，你也许会发现培训的目的是让人改变，而人的改变并非上一堂课就能实现的。人的有效改变是一个复杂的系统工程，要用学习项目的方式，用较长周期、多种手段系统化地促成。这就引出第六章的话题：学习项目的设计与开展。这一章介绍了我在多年实践基础上发展的从知到行的螺旋迭代循环模型。不能形成有效的闭环是培训没有效果的深层次原因，而学习项目就是要系统化地整合理论学习、社会学习和经验学习三种学习方式，用多种手段帮助学生建立从知到行的闭环。本章列举了几个我亲自操刀的学习项目，有快速入模的新员工培养、以用促学的复盘师培养、以战代训的客户经理培养，以及立体精进的高管进化培养项目。这些经过实践验证的学习项目可以作为基础模板，学习项目设计者只要能够依葫芦画瓢，效果也会很好。

第七章介绍了内训师的培养。我坚持认为，企业大学要不遗余力地培养内训师，内训师的水平决定了企业大学的办学水平。本章也是用解决问题的思路展开，一开始就介绍了内训师的成长阶梯，以方便内训师评估自己的现状和确定未来成长的目标；继而介绍了内训师必备的知识、能力和状态；最后介绍了内训师如何综合运用理论学习、社会学习和经验学习方式，把自己塑造成有独特风格的专家型导师。在本章的最后有一个案例，详细介绍了我开班六期的专家型导师训练营学习项目的设计方案。

前 言

本书所涉内容都是我在教学实践中最高频使用的知识和方法，也是我的专家型导师班所授内容的大部分。感谢曾经来到我的课堂上同修的同行们对本书热情洋溢的推荐。感谢我的团队和家人对我工作一如既往的支持。感谢时代光华的任宏博先生和太井玉女士在本书出版过程中的支持。论写书，我是比较高产的，因为我喜欢用输出的方式倒逼自己转化，写书也是重要的学习方式，每一本书都只代表写书那个当下的认知水平，书和课一样都要与时俱进地迭代。如果你要问我的哪一本书写得最好，我想答案永远都是：下一本。认真走过的人生没有弯路，努力走过的人生没有遗憾。仓促成书中难免错误与不足，却恰恰给读者留下批评和探讨的空间。我更渴望与读者朋友们建立良性互动，大家可以通过我的公众号"田俊国讲坛"给我留言，让我们一起在实践中持续发展更好的方法，让培训真正落地。

田俊国

2020 年 7 月于北京

目 录

01 第一章
培训要有用，更要有效

培训效果不佳是谁的责任　003
培训如何上接战略　010
培训如何下接绩效　018

02 第二章
建构主义，为教学赋能

驯兽、砌墙、浇花，你爱哪一种　033
不一样的世界观、知识观和教学主张　042
活用建构主义，赋能教学实践　049

03

第三章
行动学习，让工作更容易

对行动学习的五次认知迭代，大大拓展了应用空间　065
四句话讲透行动学习的精髓要义　073
行动学习的五大应用　080
推广行动学习的三大策略　088

04

第四章
五星教学，让课堂更精彩

五星教学的五个环节各有重点、难点、关键点　095
轻松化传统教学为五星教学　109
实战中常见的问题及对策　114
吃透五星教学的五大思想精髓　120
三浪教学比五星教学更易操作　125

05

第五章
课程开发,精雕细琢精品课

课程开发是典型的病构问题　133
根据教学内容,确定教学策略　138
用五星教学框架设计教学过程　145
形式创新无极限,结构梳理有基模　155
课程开发也要敏捷迭代　165

06

第六章
学习项目,促人改变的系统工程

从知到行的螺旋迭代循环　175
确定学习项目的成果框架　183
学以致用、以用促学,培养复盘师　185
以战代训、训战结合,培养客户经理　190
内化于心、外化于行,促进高管进化　194
有机整合多种学习方式　201

第七章
内训师培养，组织学习有保障

内训师的成长阶梯　　207
内训师必备的知识体系　　214
内训师必备的核心能力　　217
内训师要保持的状态　　219
有机结合三种学习内容　　223
帮助内训师发展个人风格　　231
系统化培养专家型导师　　234

参考文献　　241

第一章
培训要有用，更要有效

01

上不接战略、下不接绩效的培训完全可以省去不做。

第一章　培训要有用，更要有效

大多数"一把手"认为组织能力是制约企业发展的重大瓶颈，同时对本组织的培训工作不满意，认为其效果不好或针对性不强。2008年，我刚履任用友大学执行校长的时候，审视了当年的培训计划，感觉70%的培训都可以不做，因为我看不到它们跟组织战略与员工绩效之间的关系，感受不到其明显的价值。当时我就感到，上不接战略、下不接绩效的培训完全可以省去不做。企业培训要"上接战略，下接绩效"，这一旗帜鲜明的口号是十年前我提出的。后来我结合自己在用友大学的实践写成《上接战略 下接绩效：培训就该这样搞》一书，七八年来销量逾十万册。

培训没什么效果似乎已经成为企业界普遍的共识，培训人一直在苦苦追寻培训如何才能做到上接战略、下接绩效。显然，这个问题的答案是与时俱进的，不断有最新理论指导下的最佳实践涌现，也有力量持续把最佳实践总结升华为新的理论。因此，这个话题值得再次深入讨论。

培训效果不佳是谁的责任

先来探讨造成企业培训效果不佳，对战略和绩效贡献不大这一现象的深层次原因。企业是一个有机体，培训效果不佳不单单是培训部门的责任，原因很多，重要的我认为有下面几个。

1. 受限于不合时宜的定位

传统的培训工作属于人力资源管理的一个板块："选、育、用、留"中的"育"。人力资源管理这个概念本身就带着强烈的工业化时代的印记，其前提假设是：劳动力是生产要素，是员工完成某项任务的工具。根据系统工程的思想，我们可以把工作分解得很细，把每个岗位职责定义得很清楚，这样，培训工作的目的就是要培养合格的员工，使其能够胜任某个岗位的能力要求。假如商业环境不改变，几十年如一日，培训这么做倒也没什么问题。

问题是，面对技术的日新月异、新商业模式的异军突起、商业环境的迅速变化，组织再也不能依靠不变的能力体系应对快速多变的环境。美国学习型组织研究大师雷格·瑞文斯指出，一个有机体要想生存下来，其学习的速度必须大于或等于其环境变化的速度。反过来说，如果学习速度跟不上时代的变化，就约等于等死。无论你是谁，曾经有多牛，现在在多么显赫的位置，决定你的未来的永远是你的思想是不是领先于时代。思想落后的时候，就是走向失败的时候。引领时代的永远是那些思想超前的人。

在互联网飞速发展、人类智慧高度凝结的今天，几乎每天都会出现"新大陆"，它们引领着社会潮流，引导着消费者的消费习惯，

第一章　培训要有用，更要有效

影响着员工的行为方式，企业的管理层能对此置若罔闻吗？在这个加速变革的时代里，组织和个人只有不断学习、持续创新，才能够生存和发展。在快速转型的组织里，以岗位胜任力模型为中心的培训模式将会彻底失败！在商业环境快速变化的今天，处在竞争前沿的企业，业务在持续不断地转型，对岗位的要求也需要与时俱进。再者，随着人工智能的发展，简单重复劳动的实施者迟早会被机器人取代。因此，在未来的组织里，劳动力单纯作为工具的假设已经不合时宜了。

管理咨询大师拉姆·查兰曾在《哈佛商业评论》撰文，呼吁把培训从人力资源管理中拆分出来，引起强烈反响。他的主张不无道理，培训工作应该推动整个组织的学习！岗位培训只是其中一小部分，组织与时俱进所需要的业务规划能力、解决问题能力、体系化能力、推动变革能力、领导力等，需要齐头并进。如何确保组织的各部分和整体的学习能力都大于环境变化的能力？

这就是近些年来，社会上一浪又一浪地掀起企业大学热的深层次原因。最高领导层很清楚，能力是制约组织发展的瓶颈，为了系统、全面地解决组织发展过程中的能力问题，才动议成立了企业大学。企业大学当然不是把原来的培训部换个名头，前者在定位上应与后者有重大不同。**企业大学不但要为组织培养各个岗位所需的合格人才，更重要的是，要让组织具备持续适应商业环境所需的各项能力，如领导者的认知迭代、解决现实问题、推动变革的能力等。**

2. 培训部门只管培训，不问效果

瞬息万变的市场环境让企业老板、业务主管陷入焦虑，但企业培训负责人依然在按部就班地开展培训，毫无新意。究其根源，还是职责分工使然——培训部门只管培训，不问效果。事实上，很多企业的培训部门扮演的是"课程贩子"和"高级接待"两个角色，工作内容无非是四处打听哪些课程好、哪些老师牛，花钱请老师来讲课；布置教室，为学员们服务。我曾经问一名培训主管："你们每年花掉数百万元的培训费，给组织留下了什么？"他的回答连自己都不能满意。有的培训主管这样自嘲他们的工作："企业就好比一个处于亚健康状态的中年人，听说人到了中年要补钙，又听说某家药厂生产的补钙产品好，我们就买这种产品来吃。"很多企业发展不错，不差钱，市面上流行什么课程就采购什么课程，基本不考虑这些课程对组织能力提升的贡献，也不问学员学习完会有什么实际改变，对业务会有什么样的促进。试想，这样的培训，又会产生什么实际效果呢？

3. 从业人员专业能力不强

无论是需求方还是供应方，培训从业者普遍专业能力不强是不争的事实。我前不久应邀担任一个全国学习项目设计大赛的评委。大赛上多数参评项目都停留在凭一腔热情和朴素感觉制造培训很有效的作秀阶段，能阐述到教学目标分类等专业术语的没有几个。我发现，很多培训从业者，甚至是资深人士，都没有系统地学习过认知心理学、教育心理学、教学设计原理、教学方法等教育工作者的必修课，也没有把近三十年来人类借助科学手段对自身大脑的研究成果用于教学实践。他们不研究相关学问，既不关心学生学习过程的认知规律，也不深挖不同内容的教学策略，光凭自己的伶牙俐齿和书上得来的浅薄知识授课，简直相当于要织一双手套，却不知道手长什么样子。

4. 业务领导没有承担起责任

包括公司首席执行官（CEO）在内，几乎所有的业务部门主管在年度工作计划中，都会用相当大的篇幅描述能力提升计划。然而，在实际业务开展中，业务领导鲜有把员工成长当成业务可持续发展的先决条件，把培训当成业务顺利开展的重要手段的。罗伯特·卡普兰教授的平衡计分卡很清晰地揭示了一个道理：要想让财务指标好看，就得让客户满意，要想让客户满意，则需要高效可靠的内部流程和员工的持续学习成长来支撑。员工成长是业务持续增长的根基，和业务发挥是阴阳互补的关系，孤阴不生，独阳不长，只重视当期业绩而忽视在开展业务的同时培养员工，业绩增长将难以持续。然而，相当比例的业务领导者并不认为员工的能力提升是自己的重要职责，反倒在绩效不好的时候常常以人员能力不足为由为自己开脱。

某公司半年销售业绩不佳，总经理问销售总监是什么原因。销售总监解释说是因为培训不够。总经理就把培训部经理找来说："员工培训不够，你们要抓培训。"于是培训部经理立刻抓培训，去问销售总监销售部门需要哪些课程。销售总监本来就是拿培训不够当借口的，根本没想过需要什么课程，只能随便说什么沟通技巧、阳光心态、拜访技巧之类自己熟悉的课程主题。

然后，培训部门开始认真组织培训，找了市面上最好、最贵的老师来讲。销售部门的员工报名时很积极，很快就报了七十多人，可是到了培训那天，只有二十多人到场。培训部经理就问销售总监是怎么回事，销售总监说："你们这些搞培训的，真是站着说话不腰疼，也不看现在是什么季节，销售员都在外面签合同收款呢，哪儿还顾得上什么培训？"如果你是培训部经理，听完这番话你会不会窝火？

团队建设和能力提升是一个慢火煲汤的过程，付出的努力很难反映在当期绩效上。培训就是为组织的远期绩效负责的。我在用友大学校长岗位上干了十多个年头，能感受到能力提升的长效效应。有一年我看到集团对成员企业的绩效完成情况排名，又核查了之前三年各成员企业组织、参与培训情况的数据，发现企业当期绩效完成情况与前三年对培训重视程度的相关度非常高。**那些能够持续获得高绩效的企业领导者，一定是团队建设和能力提升方面的高手。**

| 第一章 | 培训要有用，更要有效

5. 员工学习劲头不足

业绩压力很容易让员工把注意力聚焦到当期业绩上而变得急功近利。员工早已被工作搞得精力透支，哪里还有精神来学习？早在 2013 年我就发微博说：一个人要是每天都要付出全部精力才能做好本职工作的话，我认为他迟早会不胜任这份工作。任何人的工作都不应该满到没时间学习的程度，一个人全然把精力放在当下的苟且，就很难有美好的未来。谷歌公司要求员工把 80% 的精力投入到工作上，留 20% 的精力尝试自己想做的事情。我认为对凭创造力工作的精英一族而言，这样安排是合理的。

曾经有一位资深的区域机构总经理向我诉苦，说做分支总经理就是一条不归路。我问他为什么，他说："分支机构无非是总部完成业绩的工具，是总部安插在地方上的提款机。分支机构总经理年年完成任务才能保住位置，一旦马失前蹄，就只能灰溜溜地'下课'了。"我说："换一个角度，也可以这样理解——分支机构是一个学习平台，分支机构总经理拿着老板的钱，借老板的地盘，学习经商和管理团队的本领。真要是把本事学到手，何患被'下课'？"

员工的职业观不改变，很容易重业务而轻学习，**在课堂上缺乏内在动机，再好的课程和老师也无济于事**。我常常问那些应付培训的员工："若干年后，你从公司离职，什么东西你能带走，什么东西你带不走？真正重要的、能带走的唯有你的软实力，你却常常把全部精力放在表面重要的绩效指标上。"并非绩效指标不重要，而是个人成长和当期绩效一定要均衡配比。

工作即学习。面对快速多变的商业环境，不学习根本应对不了当下的和未来的挑战。**唯有把学习和每一天的每一项工作都紧密地结合起来，才能兼顾绩效和成长，做到可持续地优秀。**

培训如何上接战略

所谓"上接战略"，就是要做有用的培训。培训要对组织的战略转型、变革落地、文化传承等重要的事情做出贡献。用友大学成立之初就提出：任何组织的培训资源都是有限的，我们必须思考如何用有限的资源为组织做出更大的贡献。做什么样的培训才能对组织贡献更大？这是企业大学校长每天都要思考的问题。培训究竟如何才能做到上接战略，我想无非有以下几个方面。

1. 战略应该是团队学习的产物

传统企业管理范式下，组织的最高领导是业务的总设计师和总指挥，战略规划完全是高层领导的事情，各业务单元领导者无须参与业务设计，也无须具备业务设计能力，只要贯彻执行好总部分派的任务就可以了。而今的情况大不相同了，外部环境快速变化，业务越来越复杂，处处充满不确定性和模糊性，业务总指挥客观上做不到滴水不漏的顶层设计。在互联网时代，企业试图靠适合的战略定位来避开竞争是不可能的。所谓的蓝海只能短暂地存在，不可

| 第一章 | 培训要有用，更要有效

能持续长久。只要某个领域或某个商业模式有利可图，逐利的资本和聪明的模仿者就会很快跟进，只需要很短的时间便会以更低的价格甚至更好的产品和服务超越先前的对手，迅速把蓝海变为红海。

在这种环境下，企业要想生存，要想持续领先，必须持续创新、快速变革，不断找到新的蓝海。未来的企业要像导弹一样，有很强的反馈系统，边飞行边反馈，随时调整飞行方向和路线。未来企业的竞争是变革和效率的竞争，所以，未来企业之间的竞争，本质上是适应环境能力的竞争，是变革效率的竞争，归根结底是组织学习能力的竞争。

管理大师亨利·明茨伯格认为：战略不是被规划出来的，而是被塑造出来的。战略不一定全都来自事先的设计处理，很大程度来自实践，是在实践中逐步形成的。战略有时候不一定是规划完了再执行，可能是边规划边执行，边执行边调整。战略和执行应该在不确定的商业环境中保持动态平衡。在互联网时代，我认为战略更像一种实现目标的能力，而不是一幅挂在墙上的地图。战略不是在地图上画个圈，而是整个团队根据时势相互影响、协同演化出来的。战略本就应该是团队学习的产物，并根据执行反馈以团队学习的方式保持动态迭代。

在这方面，早在 20 世纪八九十年代，杰克·韦尔奇就已经为全球的企业做了榜样。他在 GE（通用电气公司）大力推行群策群力，坚持在克劳顿维尔上课。他的继任者杰夫·伊梅尔特曾经说："在杰克·韦尔奇时代，GE 的战略都是在克劳顿维尔的课堂上制定的。"

杰克·韦尔奇切实做到了跟团队一起，用行动学习的方式共创战略，并根据执行情况，用行动学习的方式持续迭代战略。

2. 敢于直面实际问题

战略既定，目标和现实之间横亘着各种各样的实际问题。开展业务就是要解决一个个现实问题。**业务部门开展业务靠的是解决问题思维，职能部门开展工作靠的则是履行职责思维。**培训部门常常抱怨业务部门不配合自己的工作，业务部门又抱怨培训不解决任何问题。其实根本原因还在于培训缺乏勇气和能力直面真实的业务难题。所谓的"工学矛盾"是道行不够深的培训师们制造出来的，因为教授的东西跟实际业务没有关系，才产生了工学矛盾。真正有用的知识应该是经得起实践检验的，唯有实践证明有用的知识才真正有价值。

在用友大学成立之初，我们就认为要用运营业务的思维开展培训工作，要有勇气直面业务问题，要有能力协助业务部门解决实际问题。用友大学的培训资源不广撒网，有些成熟的业务开展得很顺利，业务领导并没有强烈的培训需求，对其部门的培训也绝不勉强。我们每年都主动在集团范围内找那些更需要以培训的方式开展业务、培训的价值更容易体现的部门，与其进行深度合作。用我的话说，就是专门找那些屁股坐在火山口的业务领导。我会亲自带队跟他们探讨业务目标，分解出关键成功要素，进而探讨我们如何用培训的方式协助其开展业务。我们更愿意把资源和帮助向大量创新的业务、需要突围的困难业务倾斜。我们的法宝有两个：一是真诚帮助业务提升的发心，二是专业的病构问题方法论。

企业大学要能够成为组织内部的麦肯锡——内部业务的咨询机构。麦肯锡这样的咨询公司就是凭借其独有的方法论生存的——客户的问题可以五花八门，而麦肯锡总能用它的解决问题七步法从容应对。企业大学也应该发展出组织内部的方法论，无论内部业务部门遇到什么困难和挑战，都可以用一种方法论为其提供咨询服务。

3. 为变革成功重塑人才

如果外部环境永远不变的话，似乎人们可以一直舒服地过下去。那样，组织学习工作的确简化成培养合格员工就可以了。而现实情况是，总有人梦想着改变世界，他们用行动改变世界的时候，对你而言就意味着环境变化了，逼得你不断适应环境的变化。社会就是浪潮，要么主动冲浪，要么被浪推着走，你想要的未来就在你不想要的变化里。正是变革为组织学习工作提出了新的要求，注入了新的内涵。

无论什么行业、什么职业，让人跟上时代变化甚至引领时代才是最大的命题。环境的快速变化，要求人的变化也越来越快，因此，培训工作的发挥空间会越来越大，重要性会越来越高，当然，挑战也会越来越大。新时代培训工作最大的挑战是：如何更有价值，如何与时俱进，如何紧贴业务。互联网时代的竞争，归根结底是人才的竞争；人才的竞争，归根结底是培养能力的竞争；培养能力的竞争，归根结底是上接战略、下接绩效的培训与传统的按部就班的培训的竞争。

企业大学更应该在推进企业变革的过程中扮演重要角色。除了前面提到的要能够做内部业务的咨询机构，协助业务部门解决实际业务难题外，还要能够自上而下地重塑企业里的人。路易斯·郭士纳认为，IBM（国际商业机器公司）转型的成功归根结底是IBM人的重塑成功；海底捞则把自身的成功归结为"造人"的成功。这些都足以证明，商业成功离不开优秀组织文化的支撑。

在外界压力很大、旧模式颓势日显的情境下，普通员工会把开展业务过程中的失利一股脑归咎于领导，**人人都认为组织不变革不行了，却没有人认为自己需要改变**。除非人们认识到自我变革的重要性，否则他们会一直保持原状。

变革最难的地方是突破人的舒适区。舒适区是指活动和行为符合人们的常规模式，能最大限度减少压力和风险的行为空间，它让人们处于心理安全的状态。处在舒适区的人们会感受到寻常的幸福感、低焦虑和低压力的状态。欧洲工商学院的斯图尔特·布莱克教授在他的《变革始于个人》一书中强调：变革的重心是人的改变。人是天生抗拒改变的，对个体而言，变革意味着放弃娴熟的旧模式而适应新模式，这个学习转变过程无疑是痛苦的。因为不适应、不熟练新的模式，人常常面临着付出很大的努力却收获糟糕结果的情况。

变革不仅要改变各级各类人员对新模式的认识和态度，还要使各级各类人员具备新模式所需要的知识和技能。所有促人改变的工作都在组织学习的业务范畴内。用业务思维开展培训工作,就要持续思考:企业的业务模式正在发生什么转变?这种转变需要什么能力?如何使各级各类人员具备这些能力?

4. 学习是工作的重要组成部分

培训不仅是人力资源管理的一项工作,更应该是一种开展工作的方式;课堂不应该只是传授知识的,更应该是解决问题的。我上过很多这样安排进度的课:先征集问题,然后按重要程度给问题排优先级,进而把问题分派给不同小组研讨,最后小组汇报,全班其他学员补充,我总结点评。这种课的效果出奇地好。整个过程中,我和学员的收获一样多,我收获了很多现实的问题和一线最佳实践经验的分享,学员们收获了全面、深入的思考。

GE 克劳顿维尔的领导力开发项目经常是脱产两三周的培训,他们采用的方式就是把学员分成若干个小组,每个小组解决一个工作遇到的实际问题,其间,学员们可以自发组织调研、研讨和行动学习,最后形成的报告要通过相关评委的答辩,而且很多报告中的建议都被采纳,正式执行。我想,这些小组的成果也应该形成一门课程。如果行动学习项目小组的学习成果能够课程化,那就非常有利于学习项目的后续执行和推广。一个组织如果能够把课程设计和培训执行拧成一股绳,组织运行的效率将会大大提高。杰克·韦尔奇坚持每两周去克劳顿维尔上课,他哪有那么多知识要给大家讲?实际上他是要在克劳顿维尔的课堂上解决实际问题。他们用群策群力的方式积极而广泛地讨论,既解决了实际问题,又让所有的参与者能从中学习提高。杰克·韦尔奇的秘书罗塞娜·博得斯基在其作品《支撑:做副手的智慧》中也写道:"当我们遇到一项愚蠢的制度或决定时,我们不再只是思索,也不再只是白眼一翻,与世沉浮,我们会高喊'群策群力来解决它!'"

在国内,宁高宁真正理解了培训可以作为一种工作方式的要义。他曾说:"行动学习是企业文化的一部分,它是我们将员工聚集在一起快速解决问题的方法。在中粮集团,学习是将企业战略落地的重要途径,学习是工作的重要组成部分,学习与工作密不可分。"

如何让各级领导者习惯于把培训当成一种工作方式,并且动员越来越多的业务经理用培训的方式解决业务实际问题,是企业大学最需要发力的地方。组织内一旦形成用培训方式解决各类业务问题的风气,企业大学的工作就好做了。

5. 用企业文化凝聚人心

变革始于领导者的心智迭代,成于团队高质量的共识,终于根植于团队心灵的企业文化。变革与文化如影随形,战略升级了,文化也要相应升级。用文化、制度来保证公司的传承是基业常青的基础。系统论中说:一种成功的模式被大规模复制,系统从无序走向有序。同样的道理,要想组织快速发展壮大而不失本色,必须让企业文化在组织中每个人身上得到成功复制,文化可以说是组织的基

| 第一章 | 培训要有用，更要有效

因，什么样的组织有什么样的文化，什么样的文化成就什么样的组织。《孙子兵法》中说"合之以文，齐之以武，是谓必取"，意思是用先进的文化把军心凝聚起来，再用严明的纪律使大家步调一致，这样的军队将无往不胜。

企业文化并不是口头上的使命、愿景和价值观。组织学习另一块重要的工作是如何让企业文化根植于每个员工的内心，做到内化于心，外显于行。要让员工深入骨髓地践行企业文化，需要下一番功夫。态度是附着了浓厚情感的认知，企业文化学习的关键在于引导员工把自己的真情实感和组织的文化要素关联起来。思想和观点可以轻松传播，态度和信仰却只能用内心深处的体验、情感慢慢滋养！《易经》有云："圣人久于其道，而天下化成。""化"需要一个过程，习惯成自然，坚持久了才会成为文化。文化形成的关键在于坚持按照核心价值观、组织的理念原则做事情、处理问题。世间本没有路，走的人多了便成了路；世间本没有文化，秉持同一原则久了便铸就了文化。

对企业文化的训导绝不能简单粗暴，越是煞有介事地组织员工学习企业文化，越容易引发员工的逆反心理。没有人喜欢被洗脑，人们都讨厌精神被胁迫的感觉。要使员工将企业文化内化于心，外显于行，一方面，各级领导要以身作则，身教远胜于言传；另一方面，文化要渗透到各个环节，每一堂课、每一项技能都能折射出独特的企业文化内涵。这其中大有文章可做。用友大学一年一度的干部与专家夏令营，每年都以战略或文化为主题，几乎可以说是用友大学年度最重要的工作。

* * *

自 2012 年以来，我在用友大学就坚持只做对整个组织有全局性、系统性、持久性影响的培训。而以上五项，我认为都是对整个组织有全局性、系统性、持久性影响的重要内容，是让培训做到上接战略的关键。

培训如何下接绩效

所谓"下接绩效"，就是要让培训产生实效，促成员工的思维或行为产生实实在在的改变，而这个改变能体现在工作绩效中。人的改变是一个复杂的、系统的过程，并不是简单地听听道理，人就能够改变的。怎样做培训才能最大限度地提升学员的吸收转化率？从我多年的实践看来，以下几个方面非常重要。

1. 做重在转化的培训

我曾应邀给一个企业的高管团队上"赋能领导力"课程，在开场白我就声明：点滴的收获都是学员自己折腾的结果，动员学员要舍得投入，多折腾自己。我的课程是讲练结合的，练习的比重占一半。很快我就发现，学员听课很认真，但做练习就应付，而且越是高职位的领导，越放不下身段去做那些他们所谓的小练习。我再

第一章 培训要有用，更要有效

次强调：你的学习效果不完全取决于你听课的认真程度，而取决于你对待每一次练习的认真程度。半天过后，我收到主办方的反馈："对方核心高管都在现场，反映授课节奏太慢，掺水太多，干货太少，他们不适应。"看来必须调整教学策略了。凡事都要循序渐进，我很能理解他们的不适应，所以对后续的课程做了适应性调整，减少了练习，增加了讲述，学员们比较满意。

临结束的时候，我又留了一点时间答疑。有一名高管学员很困惑地问我："老师，如何解决培训在课堂上很激动，课后不行动的问题？"我回答说："不用问，今天这堂课一定是你说的那种课堂很激动、课后不行动的效果。在课堂上，老师专门拿出时间指导的练习你们尚且不做，凭什么让我相信，下课后，在每天都有很多事情、没有老师指导的情况下，你们会运用所学的东西？学习不是图热闹，而是要有实实在在的思维或行为改变的，这种改变必须由学员自己完成。我能理解你期望听干货的心情，但老师把干货讲完，你接不住，工作中用不上也是白搭。越想多学点干货，越学不到，伤害你的恰恰是你过强过盛的求知欲。还是那句话：点滴收获都需要自己亲自折腾，不折腾的知识不属于你。渴望听干货不是你的错，大家都适应了老师在上面填鸭式的干讲，习惯了上课就是抄着双手、瞪着眼睛听老师讲，这是我们多年来采用的教学模式，突然要改变这个模式，确实很难，但我们必须清楚，什么才是真正的教学，什么才是真正的学习。"

销售技巧的课堂上，老师辛辛苦苦讲解了销售拜访的几个步骤，最后叮嘱学员："你们下去再琢磨琢磨。"下课后有几个学员会按老师说的去做？可能都不到 1/10。就算有个别认真点的销售员决定在拜访客户时试一试，尝试用老师教的套路跟客户对话，岂料客户根本不按老师教的套路来，销售员一下子就慌了，他不会怀疑是客户或自己的问题，而会怀疑老师讲的套路太理论化，不适用。就这样，仅有的火种也熄灭了，这次培训的效果基本为零。所以我一向主张：老师要努力在自己能控制的范围内提升授课效果，那些让学员课后自己琢磨、试图从老师不能控制的环节要效果的培训注定是徒劳的。

我们的课堂就要求学员反复练习，不一下子给学员太多的内容，而要让学员反复练习，把"学"和"习"接轨，让学员在课堂上对各种可能出现的状况都加以演练，直到学员有强烈的意愿和十足的信心，我们才有理由相信他会在工作中应用。

培训领域有一个很大的认识误区，即：如果员工能力不行，就要不断地让他上新课。可是，每年都开新课，不同主张、不同流派的内容都讲过了，员工的能力还不见提升，培训管理者就傻眼了。试想，如果一个销售员要上几十门课才能成为合格的销售员，岂不是把销售员往博士方向培养吗？这种情况想起来好像很滑稽，但确实普遍存在。

销售是实战性很强的工作，没有那么多技巧，基本的技巧就三招五式，熟练的老销售员甚至都意识不到自己用了什么技巧。所以，重要的不是上多少课，而是把有限的基本课学透、掌握。问题不在于老师讲没讲，而在于学员会没会。只要学员没学会，老师就要反复教，变着花样地教。我们甚至会把一门课的案例、逻辑、形式等重新组合包装，另起个名字再次培训，实际的知识点还是那些，只是让学员感觉到这是一门新课。有心的学员会问我："老师，这门课跟××课实际内容是不是一样的？"我坦然回答："对，这门课就是××课的另一种形式的强化，因为大家还没完全掌握相关技能，要反复强化；怕大家感觉枯燥，就换一种形式。"只有学员从多角度理解了，反复练习掌握了，又在实践中证明有效了，这样的技能才会被迁移到工作中去，持续使用。课堂上，老师不仅仅要教给学员具体的技能，更重要的是让学员有自信、有兴趣，学员受到激励，下课后才会主动去"习"。这样的培训才是下接绩效的培训。

2. 围绕实际挑战组织课程内容

有句话说：世界不是按照领域来划分的，而是围绕挑战来组织的。用到培训上也是这个道理。单纯用学科知识结构组织的课程是扼杀学习热情的罪魁祸首，这样的课程看上去有用，却找不到应用场景和现实价值，完全提不起学员听课的兴趣。知识是用来解决问题的，课程内容应该围绕问题来组织，在解决问题的过程中需要知识的时候再给学员知识。课堂要做到问题是课程大纲，学员是老师，老师是催化师，教学效果就会大不一样。

一个周末，内训师张老师要给分公司销售部上一天销售课。那些销售员平时上班都懒懒散散的,何况周末一大早来听课。9点开课,教室里只来了四五个人,张老师只好再等等。学员们稀稀拉拉陆续进场,多数人流露出老大不情愿的神情。直到9点半才凑了十几个人。看到学员们懒洋洋的样子,张老师也觉得索然无味。他想:既然大家都勉为其难,我也应付一下得了。于是,他说:"我知道大家都辛苦一周了,好不容易熬到周末,本该好好休息,却被提溜来培训。我很知趣,要不这样,我把原本一天的内容捡重点讲,压缩到半天讲完。当然,我也不希望自己毫无价值地出一趟差,以我多年做销售的经验和课程知识,倒是可以帮大家分析一下手上的项目,所以,有兴趣的同学下午可以留下,我们搞个小范围的项目诊断会,没兴趣的同学可以提前回家。"

张老师用了一个多小时把核心要点快速讲了一遍,然后举了一两个案例。11点半的时候,学员张三举手说:"老师,能否用您讲的理论分析一下我正在做的一个项目,我正头疼呢。"于是,张老师让他介绍了项目背景,然后带领全班学员用所学知识来分析项目的目标、不同角色的需求和关注点、竞争情况等。分析结果打开了张三的脑洞,他当即制订了近两周的行动计划。他感慨说:"我以前纯粹凭感觉做项目,每次拜访客户都没有特别明确的目标,这下子我知道怎么分析了。"

受张三的激励,其他学员也纷纷要求张老师分析自己的项目。张老师说:"你们可以用今天所学知识先自己分析,我来答疑。"于是,下午的课堂演变成了学员们的项目分析会,张老师变成了辅导员,随时回应学员召唤。张三也成了助教,穿梭在不同小组之间。

第一章 培训要有用，更要有效

教室里不时传来尖叫声和叹息声："我知道怎么做了，周一就去做。""唉，原来我那个项目是因为收口心切才拖延的。"连上午缺席的学员也纷纷赶过来要张老师分析自己的项目，直到下午6点都没人离开。

张老师课后反思：以前上课讲得口干舌燥也没有这么好的效果，今天本来是想应付，却歪打正着，究竟做对了什么，才有这样的效果？他总结了几点：

①引导学员把所学知识和自己的项目关联起来，让他们感受到知识的价值。

②学员用所学知识分析真实项目，完成了知识的内化和转换。传统课堂只是信息输入，实际上，引导学员进行知识的内化和转换才是课堂的重点。

③把操控权交给学员，让他们获得参与感，成为课程的主人。

④学员从其他学员身上学习更容易，也更有效。

实际上，人人都讨厌别人对自己说教，但渴望有人能够帮助解决困扰自己的问题。不能应用的知识充其量是茶余饭后的谈资，只有把知识和实际的应用场景紧密结合，用知识解决问题，培训才能受到欢迎。培训没有效果，并不是知识没用，而是老师给学员知识的方式错了。老师不可以一厢情愿地给学员一堆将来可能有用的知识，并想当然地以为学员能够在未来的场景中用到这些知识，这种what（知识）带how（行动）的教法已经严重不合时宜了，取而代之的应该是以how（行动）带what（知识）的形式。课堂要敢于面对真实问题，师生双双进入问题探讨模式，知识应该在解决问题的过程中给，如此，学员自然能高意愿深度参与。

3. 实战复盘远胜课堂学习

我早年编写案例时，力求逼真，越接近业务实际越好。突然有一天禁不住问自己：案例编写得再逼真，也没有正在发生的业务实际、逼真，最逼真的业务场景莫过于正在进行的业务本身，为什么不能把正在进行的业务当成真实案例来教学呢？进一步探索发现，当真正的业务问题出现时，可能因为事件影响面太大、时间紧急，所以主管领导把全副精力用于解决问题本身，问题解决了，危机化解了，就万事大吉了，他们无暇顾及在解决问题的过程中的人的表现，也顾不上或没心情借用活生生的业务实际对当事人进行反思教育。

著名的管理思想大师查尔斯·汉迪说，只要对过去经历的事情加以反思，学习就发生了。我认为，对自己深度参与的事件进行深入的反思是最有效的学习方式。从直接经验中归纳总结出某种规律，以期在未来的实践中应用，这是人类最智慧之处，也是学习的最精要之处。

从自己真实的经历中学习，是非常重要的学习方式，在环境飞速变化的今天，复盘能力显得尤为重要。柳传志非常崇尚复盘，越是大的事情越要复盘。复盘有两种层面——第一，已经发生了的事件，我们能从中学习到什么，又有什么教训？第二，如果将来还有机会遇到类似的事情，我们最应该做的改进是什么？

第一章 培训要有用，更要有效

马克·吐温说，真实的故事比虚构的故事更离奇，因为虚构的故事总要考虑其客观可能性，真实的故事则不考虑这些。同样，在复盘真实案例的过程中学习比从虚构的故事中学习更有效。一个很重要的原因是：在经历事件的过程中，当事人有了实在的行为投入和真实的情感体验，如果通过复盘再深入反思和总结其内在的规律与方法，就最能促成当事人的行为、情感和认知融合，这三者的深度融合才能致真知、促真行。复盘自己真实经历的过程，实际上是从自身行动开始，回味直接情感体验，再总结规律并升华为方法论的过程。

而学习别人的案例感觉会完全不同，其实质是从他人的行为和体验中，用共情或想象来获取间接替代体验，然后归纳规律。这种从他人经历中归纳总结到的知识技能，学习者如果自己不去实践，不去直接体验，终究还是不能实现认知、情感和行为三者的融合。因此，对自己真实经历的复盘和学习他人的案例，看似都是案例教学，但内在能量、运用方式有天壤之别。

4. 用高质量的互动促进学员相互学习

社会建构主义的代表人物维果茨基认为：人类区别于动物的高级机能是社会化活动的产物，而与动物一样的低级机能是进化的结果。

学习的目的是改变。改变在生理层面上意味着大脑形成有价值的神经元的连接，而神经元形成连接是需要外界刺激的。课堂正是通过老师和学员之间及学员相互之间的信息交换来促使学员内在形成有价值的神经元连接的。课堂上老师要和学员保持对话状态，即使是知识宣讲也要有眼神的交流。一堂好的课需要学员积极参与，老师给学员的信息是一种营养物质，需要学员主动消化和建构，将之变成自己的。如果一堂课始终是学员在被动接收，说明课程设计出了问题。课堂上，老师在讲课，同时也要观察学员的注意力在不在课堂上，有没有和老师互动。学员注意力高度集中，与老师互动的积极性很高，这才是课堂效果好的表现。

好的课堂效果永远是师生合作的结果。很多时候，老师能不能进入讲"疯"了的状态，还要看学员能否提出有质量的问题。学员一个有质量的问题，常常能激活很多旧知识。在轻松的氛围下，一个好的问题能激发很多有价值的知识点。我有很深的体会，回答学员问题的时候，正是我对教育学、心理学知识融会贯通的时候。老子说："天地之间，岂犹橐龠乎？虚而不屈，动而愈出。"橐龠就是风箱，风箱的特点是中间空虚而两头开放。老师只有把自己看作中间空虚而对外开放的信息流动中枢，才能让自己的大脑处于"虚而不屈，动而愈出"的状态，课堂才会成为师生同修的道场。

我更提倡用"微行动学习"方式，什么东西一旦变成"微"的，就容易操作，更容易普及。简单点理解，行动学习无非是一种更有效的团队研讨的工具，其本质是社会化经验学习。我们早已习惯于把微行动学习嵌入每一堂课。无论什么课堂，我要是连续讲授超过一个小时，就会觉得自己身心疲惫了，必须组织学员们研讨几十分钟，然后师生问答几个回合，才能继续进行下面的内容。老师讲课是输入环节，学员研讨和师生互动的环节则是促进学员把所学内容内化成自身知识的转化环节。同学之间的交流是促进知识转化的重要手段。从某种意义上讲，跟谁当同学比跟谁学还重要！

5. 用方法技能把员工武装为有招儿的人

从员工能力的迁移和运用来看，技能可以分为三类。

第一类技能是岗位技能，即员工完成某一专门任务所需要的专门技能。这些技能领域窄、专业性强，需要更高阶的专业人员专门培训，而且较难迁移——员工换一个工种，这些技能可能就用不上了。如果一家集团有多家成员企业，每个成员企业的岗位也不在少数，所需技能更是五花八门，显然，这一类技能需要业务部门自己来培养，作为集团级培训机构的企业大学，甚至成员企业自己的人力资源部，也只能给予业务部门方法论上的指导和支持。这一类技能最好的培养方式有师徒制、工作中学习、技能比赛、技能专训等。

第二类技能是方法技能，即完成任务、解决具体问题的方法，是对组织经验的提炼。基业常青的公司都积累了丰富的方法技能，并把方法技能作为其人才培养的主要内容。麦肯锡的顾问并不都是行业资深人士，却照样能够给全球各地各行各业的企业做咨询，凭借的就是他们多年积累下来的方法技能；GE 和 IBM 这样的百年老店也积累了大量的方法技能。比起岗位技能，方法技能更为通用，比较容易迁移。有丰富方法技能沉淀的组织，尽管不知道明天将遇到什么具体挑战和问题,但他们有解决问题、迎接挑战的方法论。百年老店的优秀企业员工跟普通企业员工的差别一般体现在,前者有深度认同的共享价值观,形成了有统一语言的通用方法论。可见,方法技能是组织智慧沉淀和组织发展的重要支撑。方法技能需要提取开发,并且镶嵌到各序列的课程中去。行动学习就是典型的方法技能,这一点在第三章会详细讲到。

第三类技能是社会技能,又叫通用技能。比如人际沟通、建立关系、书面表达、思维推理、学习能力等都是社会技能,这些技能属于基本素质范畴,最难培养,却最容易迁移。社会技能高是高素质人才的重要标志。社会技能需要从小培养,最好在学校素质教育阶段就开始培养,等一个人从学校毕业,走上工作岗位后再培养,就来不及了。组织获取这一技能的最好途径是把好招聘关,选择高素质的员工。对于社会技能,组织培训要开发精品课程,形成经典,最好跟组织的核心价值观紧密关联。

在对员工的技能培训方面,企业大学的重心应放在方法技能的提炼、传播和培养上,同时,兼顾跟组织核心价值观和核心业务要求联系紧密的社会技能的培养,以及岗位技能的通用部分的培养。

我对方法技能的定义是:与具体的应用场景在一定程度上抽离的、解决某类问题的一套框架流程和工具的集合。我们可以暂时没有结果,但一定要清楚用什么方法得到我们想要的结果。

当代德国把职业能力分为专业能力、方法能力和社会能力。其中,方法能力是指从事职业活动所需要的工作方法和学习方法,包括制订工作计划、解决实际问题的思路、独立学习新技术的方法、

第一章 培训要有用，更要有效

评估工作结果的方式方法等。方法能力是基本发展能力，是劳动者在职业生涯中获取新的知识与技能、掌握新的方法的重要手段。

我们去 GE 考察时，有一件事让我感触很深。GE 的教授给我们讲了一句话："在 GE，尽管我们不知道明天会遇到什么挑战，但是无论遇到什么挑战，我们都有应对它的方法。"从那以后，我才深刻地理解到方法技能是组织智慧的核心。世界 500 强企业的 CEO 中大约有 1/3 的人都有在 GE 当职业经理的经历，是因为 GE 沉淀了许多诸如群策群力、六西格玛之类的方法技能，这些方法技能让他们培养出来的经理人能够适应各种复杂的经营环境。而国内很多企业之所以长期依赖个人英雄，关键人物离去业务立刻萎缩，问题就在于他们缺乏一套属于自己的方法体系。

* * *

以上五项，是让培训做到下接绩效的关键。我认为，"上接战略，下接绩效"是一个值得长期坚持的培训方针。具体的方法和措施要与时俱进，在实践中持续发展迭代。

02

第二章

建构主义，为教学赋能

世界上只有一个难题，那就是让人的思想改变。

| 第二章 | 建构主义，为教学赋能

有人说世界上有两大难题，一是把别人口袋里的钱装到自己口袋里，二是把自己脑袋里的思想装到别人脑袋里。我仔细琢磨，发现这两大难题的难度系数不一样。假如我真有本事把自己的思想装到别人脑袋里，那么把别人口袋里的钱装到我口袋岂不非常容易？换句话说，如果第二个难题解决了，第一个难题就迎刃而解了。可见世界上只有一个难题，那就是让人的思想改变。

学习是有机体为了持久的非生理性改变而努力的过程。显然，学习的目的是改变。相应地，教育的目的就是促人改变。教育学的百年发展史恰是促人有效改变的主张和策略发展的历史。老师所信奉的教学理念不同，在课堂上采取的教学策略也会不同。

驯兽、砌墙、浇花，你爱哪一种

1. 三种核心教学主张

概而言之，人类对教学的核心主张有三类。为了通俗易懂，我分别用驯兽、砌墙、浇花来做比喻。

（1）驯兽主张——行为主义的教学主张

早期让人改变的策略和巴甫洛夫利用条件反射训练狗的方法是一样的。后来，美国心理学家爱德华·李·桑代克用猫做了试错实验，即让猫通过反复试错，尝试走出一个设置了各种机关的箱子。通过实验，他总结出著名的三大学习定律：准备律、练习律和效果律。这三大学习定律的要义，是准备越充分、练习次数越多、行动效果越明显，越有利于刺激与反应之间形成稳定的连接。

这就是行为主义的教学主张。就像训练狗熊钻火圈，钻过去就有糖吃，钻不过去就饿肚子，久而久之，狗熊就会钻火圈了。行为主义教学法只看其表，不究其里，为让学员产生某种行为，用相应的外部刺激，反复强化，使其形成某种固定的刺激—反应模式，就大功告成了。我把这种教育方法比喻为驯兽主张。这是最基本的教育方法，今天还有人在用，也非常有效，典型的例子之一就是在驾校学开车。驾校教练都很清楚，他并非单纯教授学员驾驶的知识，而是让学员掌握驾驶技能。教练要学员通过大量强化练习，形成身体记忆，在紧急情况下做到自动反应，一脚把车刹住。对这种动作技能的掌握，刺激—反应学习理论是有效的。

行为主义试图用刺激—反应学习理论解释人类所有的学习行为，其代表人物华生甚至说："给我一打健康的婴儿，我可以随机把他们训练成从事不同职业的人。"

（2）砌墙主张——认知主义的教学主张

1957年，年轻的语言学家乔姆斯基向行为主义大师斯金纳发

第二章 建构主义，为教学赋能

起挑战。他质问：孩子突然跟父母说"我恨你"，难道也是"刺激—反应"强化的结果吗？他认为，这句话必定是孩子的大脑内在加工创造的。乔姆斯基的挑战把对学习行为的研究的焦点转移到学习者的脑内对信息处理加工的过程，直接促成了认知心理学的诞生，也催生了全新的教育主张——认知主义。

行为主义把大脑当成黑盒子的方式显然简单粗暴。事实上，人们对外界刺激信息的加工过程本质上是大脑各项机能的运作过程。认知主义更注重大脑对信息的加工过程，发现人们对态度、技能、知识的接收和加工方式不同，从而根据大脑对信息的接收、处理、存储、提取的规律，对不同类型的知识用不同的方法传授，用符合大脑接收和加工规律的方式把知识装进大脑。

认知主义教学最典型的代表人物是本杰明·布鲁姆和加涅。本杰明·布鲁姆是美国当代著名心理学家、教育家，1956年，他发表了教育目标分类理论，强调知识的结构和分类教学，主张对能力进行分类培训。布鲁姆把能力分为态度、技能、知识，指出不同能力在大脑中的加工方式不同，教学的方法也有区别。之后认知主义有了长足的发展，直到今天还在不断发展和完善。

认知主义把人的大脑假设为一组存放知识的筐子，认为把某种能力放进学生大脑中相应的筐子里，学生就具备了这种能力，其不足之处是忽略了学生在学习过程中的主观能动性。我把认知主义的学习理论比喻为砌墙主张。比如要培养一名合格的软件开发工程师，要教授二十门课，相当于砌一面墙需要二十块砖，老师把一块块砖放进学生大脑里，以为学生脑中的墙已经砌起来了。事实上，老师只是把每块砖给了学生，砖块并没有在学生脑中有机结合起来，墙并没有砌起来。

（3）浇花主张——建构主义的教学主张

认知主义的缺陷在于把学生假设成被动接收知识的容器，其研究大脑运作机理是为了更好地把知识装进这个容器，忽视了学生在学习过程中的主导性及学生已有知识经验对学习的影响。学生从来都不是被动地接收信息的，而是主动运用各种策略，调用自己已有的知识经验把新的知识转化成自己版本的理解。每个人都有自己独立的信念和价值观，每个学生都带着自己独有的经验、价值观、信念习惯来到课堂，学生不会罔顾自己的知识经验而轻信老师的夸夸其谈。

早在20世纪30年代，苏联心理学家维果茨基就提出了一整套全新的教学主张，后来被称为建构主义。20世纪80年代起，德国职业教育率先采用建构主义，之后建构主义开始在欧美流行。

建构主义认为，学生是独立的、有自己思想的个体，是学习的主体，知识是学生主动建构的结果，老师要营造一个方便学生学习的氛围和环境，在课堂上为学生提供信息和情境，提出问题，引发讨论，由学生自己总结和发现知识的价值与意义，想明白道理，自主做出决策，这一过程也伴随着学生之间的研讨、协商。在建构主义的课堂上，除了学生自己之外，老师和同学都是老师，他们的作用都是帮助学生想明白道理。

就拿花草打比方，行为主义的教学主张就像拿剪刀剪花，强行把花草剪成人所希望的样子；认知主义的教学主张则像在西瓜还

|第二章| 建构主义，为教学赋能

很小的时候，给西瓜套一个方形的外罩，目的是把西瓜装进人们预设的容器里，最后就长出了方形的西瓜；而建构主义的教学主张更像浇花，更尊重植物的本性。花的生长由它的基因、根系等因素决定，我们没办法控制一盆花长成什么样，我们能做的是让它长在适合的土壤里，给它充足的养分、水和空气，为它营造有利于生长的环境，然后由它在适宜的环境下自由生长。所以，我用浇花来比喻建构主义的教学主张。

2. 教学主张不同，教育方式也不同

以上就是教育学不同流派主张的大概发展脉络，从行为主义到认知主义，再到建构主义。这些对教育的主张是对学习的基本认识和假设，假设不同，方法和行动也迥异。举个例子说明其中的道理：服务行业要求服务员对顾客面带微笑，现在要把服务员见顾客如何笑容可掬当作一次培训的目标。那么，行为主义的做法可能是，老师做一个标准的微笑的样子——嘴角微翘，露出八颗牙齿，然后用正、负强化的方式，学员动作做对了就给奖励，做错了就受惩罚。你想，胡萝卜加大棒训练出来的笑容，能真诚吗？也许服务员心里很不开心，却要强按住负面情绪嘴角上翘，露出八颗牙齿。行为主义就是这样，不探究学员内心的感受，只要求动作上的变化，并不断强化，直到形成稳定连接，动作固化。

认知主义的做法是，研究大脑控制微笑的过程及微笑的机理，老师让学员理解微笑的原理和流程，掌握肌肉拉动的方法和技巧，

并交代一些注意事项，给学员灌输微笑速成大全。学员们从来没有自己琢磨微笑的原理，只会按老师讲的流程练习，久而久之，笑容都是机械的了。

建构主义则主张积极而持久的变化必须从内心做起，不强调标准的笑容要露几颗牙齿，更不剖析微笑的原理、分解微笑的动作步骤，而是让学员们一起讨论客户的价值和应该如何对待客户，如果学员真正理解了客户是衣食父母，看见衣食父母便会自然而然地流露出微笑。不管这个微笑露了几颗牙齿，是不是合乎标准，但有一点是可以保证的，那就是这个微笑是发自内心的，是真诚的。

再举一个例子，现在市场上的 TTT（企业培训师培训）课程琳琅满目，差不多到了是个老师就能讲的地步，然而课程名字都叫 TTT，内容却差异巨大。有的用行为主义的方式训练学员的发声技巧和肢体语言，有的用认知主义的方式大讲特讲教学原理和控场技巧。我则主张用建构主义的思想，让学员自主理解和接受 TTT 的相关技巧。

可见，对学习的主张不同，教育的方式也完全不同。道的问题是最重要的，道对了，术的问题就好解决，甚至无须解决。尼采说过："知道为什么而活的人，便能生存。"引申一下，知道"为什么"的人，几乎能够克服一切"怎么做"的困难。

3. 有效改变的"三驾马车"

哈佛大学成人学习与专业发展教席教授罗伯特·凯根在他的

第二章 建构主义，为教学赋能

《变革为何这样难》一书的开头，就抛出这样一个现象：

> 一项医学调查显示，假如医生告诉严重心脏病患者，如果不养成良好的生活习惯，如合理饮食、加强锻炼、不吸烟等，他们将必死无疑。即便在这种情况下，也只有大概 1/7 的人会真正改变自己的生活习惯。剩下 6/7 的人，难道就真的对生命毫无眷恋吗？还是有什么东西让人们在面临致命危险时，仍然无法改变自己的不良嗜好？

对严重心脏病患者来讲，抽烟将意味着加速死亡——这是一个非常直白的道理，因果关系清晰，我相信所有的病人都明白这个道理。但为什么只有大约 1/7 的患者会真正改变呢？据此，我们可以得到一个推断：讲道理（认知改变）对一个人产生改变的贡献只有大约 1/7。反过来，我不禁要问：有多少人把讲道理当成促成人们改变的全部？

为什么有人整天只知道声嘶力竭地给别人讲道理，却总是收效甚微呢？问题就出在只讲道理不足以促成一个人彻底改变。单讲道理不足以让人相信，因为分量不足、力道不够。那么，有什么因素能促成人的改变呢？或者，有什么因素阻碍人们做出改变呢？有烟瘾的肺癌患者可能说："我知道抽烟对我的病不好，可是我习惯了，'饭后一支烟，胜过活神仙'，吃完饭下意识的动作就是摸口袋里的烟。"可见，行为习惯是影响人改变的一个因素。

此外，还有什么因素呢？有人说受环境影响，有人说跟着感觉走，有人说感情……对了，就是情感体验，情感是影响一个人决策的重要因素。认知、行为、情感是促使有效改变的三大因素，我称之为"三驾马车"。我把上述三个因素和美国医学科研人员保罗·麦克莱恩的三重脑理论关联起来，发现原来这三大因素各有生理基础。

保罗·麦克莱恩提出：人类的大脑结构大致分为三层，最下层为"爬行脑"，由丘脑、小脑、基底神经、脑干组成，主要负责呼吸、心跳等行为反应，也称为"行为脑"；中间层为"古哺乳脑"，由颞叶、杏仁核、海马体等组成，主要负责情绪反应，也称为"情感脑"；最上层为"新哺乳脑"，它是人类独有的，由大脑皮层组成，主要负责意识、理智和抽象思维，发展出逻辑思维、想象力、意志力等人类独有的高级机能，也称为"认知脑"。他认为，这是进化在人类大脑中留下的痕迹。这三脑各司其职，又相互协同，完美配合。

行为主义的学习方式偏重于行为脑，认知主义的学习方式更适合认知脑，而建构主义在前两者的基础上，更注重学生的参与和体验，更多地满足学生情感脑的诉求。

4. 形成有效改变的闭环

行为脑、情感脑和认知脑之间始终维系着一种既相互促进又相互制约的微妙关系。所谓"循环无端，周行不殆"，人的改变可以从任何一个层面开始，只要完成三脑互相促进的良性循环，一种自

第二章 建构主义，为教学赋能

动强化的机制就开始了，人从外界摄入的能量会源源不断地供给到这个循环中。

从认知脑开始的例子极其普遍。比如，人们从书本、聊天中获取某种新知识，认知脑受到启发，决心要自己试试，从而驱动行动脑去行动。这种驱力在心理学上称为"内驱力"。认知带动行为之后，就要看有没有得到所期望的结果，如果得到了，人就很兴奋——引发了积极的情绪体验，于是形成"认知—行为—情感"的闭环。这种积极的情绪体验会激励人们思索怎样才能做得更好、收获更大，鼓励认知脑进一步探索，探索又驱动实践，实践又引发情绪……于是一个"认知—行为—积极情感体验—更深刻认识—更积极行为—更积极情感体验"的良性循环就建立了，多次强化后，新的习惯就养成并固化了。相反，如果行动之后得到的是挫败，这种消极的情感体验就会促使人反思自己的认知是不是正确、可靠。反复几次被挫败后，也许人会自动放弃尝试，得出自己不适合这么做的结论。

从情感脑开始的情况也很多。比如好奇心驱使人们去探索，好奇引发了一种情绪，驱使人们更深入地了解（认知脑），继而引发行动（行为脑）。也有受社会环境影响而行的，俗话说，榜样的力量是无穷的，榜样给人以心向往之的感觉，引发认知脑的探索和行动脑的参与。

从行为脑开始的情况往往没有谋划，偶一为之，却能得到意想不到的结果，感受到意外而强烈的积极情绪体验，继而激励人们去更大胆地探索和行动。

不管从哪个脑开始，只要认知脑找到意义和价值，行为脑找到方法，情感脑得到积极的情感体验，这种激励三种脑能量不断参与进来的循环就能形成。相反，三个环节中的某个环节或多个环节没有得到激励，循环就建立不起来。首先，认知脑中没有建立起愿景，捕捉不到意义和价值，根本不可能付诸行动，知识不付诸实践就只是传说。其次，认知脑积极行动，行为脑不得方法或不具备能力，行动受阻，也就会止步于行动这个环节。最后，行动成功了，还要看带来的结果是否符合预期，如果结果与预期一致，情感脑会受到激励，进一步激发认知脑精益求精地探索，循环得以建立；如果结果不是预期的，意志力不坚强、好奇心不突出的人可能会放弃，意志力坚强的人则可能驱动认知脑去反思、改进，再实践，再验证。爱迪生发现钨丝，把这种验证失败再反复修正的循环重复了三千次，而他自己却说："我只是成功地发现三千多种材料不适合做灯泡而已。"

实际上，三种教育主张各有其合理之处，不但不矛盾，而且互补。不管从哪个脑切入，最后娴熟掌握的状态一定是三脑三位一体、达成一致的状态。可见，三脑学说是一个更大的框架，能包容看似互不相容的三种教育主张。

不一样的世界观、知识观和教学主张

在企业培训领域，我更推崇建构主义。我是在实践中持续提高

| 第二章 | 建构主义，为教学赋能

自己对建构主义的理解和运用的，先是喜欢建构主义的核心主张，继而在课程开发和教学中大胆实践，根据实践的效果反过来体悟和发展建构主义在培训领域的应用。

1. 世界观：世界是感知的世界

建构主义认为世界是人们主观感知的世界。现代心理学研究表明，人们对外部世界的感知分为感觉和知觉两个基本过程，感觉过程是用感官收集客观事物各种特征线索的过程，知觉过程则是对这些感官线索进行综合加工和做出解释的过程。格式塔心理学认为，人们的大脑里存储着各种事物原型的格式塔，这些格式塔是大脑在过往经历、经验的基础上抽象、积累形成的。知觉过程的重要工作是把感官系统收集到的事物特征线索跟大脑存储的各种事物的格式塔进行匹配，进而做出判断。当你看到草丛里露出黄黑相间的斑纹和卷曲尾巴时，就能判断草丛背后隐藏着一只老虎，这是感官收集的线索和经验形成的老虎原型相匹配的结果。

人们对事物的理解不仅取决于事物本身，还取决于各自的心理结构。每个人都会根据自己的知识、经验、信念、习惯等来解释这些线索，并赋予其意义。赋予意义和合理解释是大脑的基本思维倾向。在这个过程中，光凭已有的线索常常不足以得出结论，大脑就会用高级思维来填补空白，根据经验和信念归纳、推断、类比、想象，完成合理的解释和赋予意义。受个人经验、信念的影响，这个过程难免出现以偏概全的归纳、不合理的删减、主观臆断的扭曲等问题。像光透过不同液体后会发生折射一样，同样的信息进入不同的脑袋也会产生不同的释意。激进建构主义者冯·格拉斯费尔德甚至说："我不否认客观世界的存在，但是谁又能够把这个客观世界客观地描述出来？"任何人对客观世界的描述都不可避免地带着自己的主观色彩。

人们会根据自己赋予的意义来解读世界，形成属于个体的认知。所以，我经常说："世界是你感知的世界，你感知的世界对你而言就是真实的，决定着你幸福与否。"悲观者眼中的世界是忧伤的，他们的人生也很容易抑郁；乐观者眼中的世界是积极的，他们的人生也很容易快乐。

2. 知识观：知识是基于经验的主观建构

马克斯·韦伯说："人类是悬挂在自己编织的意义之网上的动物。"每个人对世界的认知有相当大的一部分都是自己编织的。建构主义对知识的客观性和准确性提出了质疑，认为知识是主观的，这一点也是其与认知主义的重大分歧。如果说"知"代表信息的话，那么"识"则代表个人的见识，是建立在基于个人信念系统的解释。学习过程是用旧知识解释新知识的过程，是基于经验探寻意义的过程。

每个人都基于自己的经验来主观建构知识。同样的信息进入不同的大脑，产生的内在反应是不同的，因为每个人都以自己已有的经验、知识、信念来理解这些信息。每个人都会根据自己的经验和想象力对接收到的信息进行再加工，发展出自己的版本。知识在传播、学习的过程中不可避免地被再加工和再生产，而发展出自己的版本恰恰是学生真正掌握知识的重要标志。

课堂上，老师和同学只是信息的提供者，学生本人对外界信息的吸收和加工才有绝对的主动权。正如建构主义大师杰根所说："我讲的每一句话都没有意义，除非你认为它有意义，反过来也一样。"重要的不是老师说了什么或做了什么，而是在学生的脑海里发生了什么反应。老师的最大责任不是告知，而是引发学生的"心悟"过程。

3. 学生：点滴收获都是自己折腾的结果

学习是人们为持续优化自己的心智模式和行为模式而努力的过程，学习的效果最终要体现在学生精神结构和行为方式的改变上。因此，学习一定是学生自己的事情。学生自己投入精力的多少才是教学效果好坏的决定性因素。学生如果心不在课堂上，就很难有实质性的收获。无论老师多么苦口婆心地强调自己所授内容的重要性，哪怕歇斯底里地演绎，只要学生没有投入自己的精力去理解、消化，学生的大脑终究形成不了属于自己的理解和建构。

每个学生都是课堂的主人，他们要努力借助课堂这个环境，积极参与，主动实现对自己心智模式的一次优化提升。学生如果意识到这一点，就会主动分享自己的经验和看法，积极倾听老师和同学的信息输入，根据自己的价值观、经验等进行主动的思考，最终做出属于自己的选择，在工作和生活中大胆应用，根据应用的心得再持续改进。

我从多年的教学经验中体会到：课讲有缘人。一堂课下来，有巨大收获的往往是少数人，多数人常常是"陪太子读书"。那么，哪些人会是"太子"呢？那些全身心投入的人容易成为"太子"，他们参与性强，勤思考，爱互动，认真练习。我经常对学生说："你的点滴收获都是自己折腾的结果。"见识和能力都是自己折腾出来的，自己不去折腾，别人硬塞是塞不进去的。每个人都带着自己固有的经验和信念来到课堂，他们都用自己的旧知识来消化理解课堂上的新知识，学习的过程就是把课堂上接收到的新知识编织到学生已有知识体系中的过程。每个人都根据自己的知识经验选择性地吸收，信哪些不信哪些，用哪些不用哪些，全是学生自己说了算。在同样的课堂上，学生已有的知识和经验不同，他们接收、理解和连接的程度不同，可以说，学生具备的相关基础越好，吸收得越好。

4. 老师：促使学生富有成效地思考

在传统教学中，老师是知识的传播者，是课堂的绝对主角。建构主义则崇尚老师是帮助学生进行心智建构的。为此，老师将学生置身于场景之中，提出问题，引导学生激活他们自己的相关知识和经验；老师给学生输入相关的信息，提供相应的思考工具或流程，组织学生进行研讨协商，激发学生的推理、分析、评价等高级思维活动，最终达成协助学生完成心智自我建构的目的。因此，老师就是主持人，是司仪，是催化师。

第二章 建构主义，为教学赋能

从教学设计来讲，建构主义的课堂就是要用促动的方式转移知识的所有权，让学生感觉到知识是自己搞明白的，而不是老师告诉他的，达到"功成事遂，百姓皆谓我自然"的效果。在建构主义课堂上，重要的是，让学生不断地思考，完成属于自己的建构，而不是让学生们都有统一的、标准的、确定的理解。所以，有效教学要把重心放在促进学生对知识的自主消化和吸收上。

要促进学生主动消化和吸收知识，就要调动学生内在的能量去参与。对老师而言，比传授知识更重要的事情是让学生全程处在高质量的脑力劳动状态，关注学生的状态远比关注自己所授的内容重要。我最喜欢在课堂上抛出各种问题，如果学生们参与得不是很积极的话，我通常会对他们说："你们可以不回答我的问题，但不能不思考。"然后保持静默一会儿，让学生们思考。我经常说：知识就像孩子，还是亲生的亲。而教学的目的恰恰在于让学生在对话中与知识产生感情，把知识从"抱养的"变成"亲生的"。

外力可以野蛮喂养，却不能解决消化问题。成人教育不解决知与不知的问题，因为课堂上老师讲的大部分内容，学生或多或少都知道。课堂上要解决的是知的程度问题——理解得更深刻、更全面、更透彻，甚至解决知行合一的问题——应用得更灵活、更广泛、更娴熟。

5. 课堂：意义协商的社会环境

人类的社会性决定了个体的认知必然受到社会环境的影响。比如，在农耕时代，经商曾经被看作不务正业。每个个体对意义的建构难免受其所处的特定社会环境影响。在海边捡过石子的人都知道那些被海浪反复冲刷过的石子都近似椭圆形，我甚至见过海浪把啤酒瓶的碎片也打磨成椭圆形的。无论物体最初是什么形状，经过长时间的海浪打磨，最终都会被塑造成椭圆形。人在社会上就如同石子在大海里，每个人的思维模式、行为模式和心智模式都不可避免地受其所在社会系统的影响。

课堂是一个临时的社会系统，其中的每位参与者都带着自己既有的受多个系统影响而形成的风格来到课堂。课堂上的讨论表面上是个体之间的讨论，实际上隐含着不同社会系统的良知与秩序的协商，任何个体思想的建构必然受其他成员的影响。这个过程被建构主义称为"意义协商"[①]。

从个体完成自己的心智模式建构的角度看，课堂上，无论是老师讲的还是其他学生分享的内容，都是一种信息输入，就像我们从外界摄入的食物。这些"食物"最终都需要学生自己去消化，编织到自己的知识体系中。学生是课堂的主人，因为所传授的知识要变成他们自己的，他们就必须主动参与、用心揣摩，而不是被动接收。

《礼记·学记》中讲，"独学而无友，则孤陋而寡闻"。在学习上，同学的作用甚至比老师还重要。有调查表明，中学生受同学的影响

[①] 在会话过程中，当出现理解障碍时，会话双方通常使用意义协商手段，从而使讲话人对先前的话语进行调整修正，使得不被理解的话语被对方理解，双方达成共识。——编者注

|第二章| 建构主义，为教学赋能

要比受老师和家长影响大得多，因为同龄人更容易有共同语言，更适合当榜样，更容易模仿和学习。

活用建构主义，赋能教学实践

建构主义的主张偏理论，教学策略则偏实践。有的老师把建构主义的理论倒背如流，在自己的课堂上却还是填鸭说教。如何才能把建构主义的核心主张运用在课堂上呢？我向来主张以道驭术，真正吃透了精神实质，可变通的方法很多。在这里阐述几个我认为很重要的建构主义教学策略，供大家参考。

1. 坚持教学在对话中进行

我向来主张：无对话，不学习。对话就是用语言驱动思维，思维促成内在神经元的连接，促进学生的知识建构。我认为检验课程好坏的一个标准是，老师在课堂上单向授课时间和与学生互动时间的比例。我建议这个比例最好是 50∶50，上下可以浮动 10%。我向来对"电视、网络教学会替代面授"的观点持反对态度。为什么呢？因为对学生单方面广播的形式，学生没办法互动，没有意义协商的条件，学生建构的效果很差。

我曾经应邀给某名牌大学 EMBA 中心的教授授课。他们的中心主任老看我的公众号文章，欣赏我的教学在对话中进行的主张，觉得他们的教学风格是宣贯式的，应该请我与他们的老师做一个交流。我并不缺乏与高校老师交流的经验，而且每次交流感觉都不错，因为高校老师的教学风格和我的教学风格差异很大，每次交流我们都会碰撞出很多感悟，所以我视与高校老师交流为促进彼此成长的机会。

交流在一个阶梯教室里进行。上课时间已经过了五分钟，那些教授才稀稀拉拉走进教室，有人带着自己的书，有人漫不经心地玩着手机，还有人带着要判的卷子。凭着多年对课堂氛围敏锐的嗅觉，我很清楚地意识到这群"学生"几乎没有人在真正的学习状态，我的心里不由得刮过一阵冷风。中心主任简单地开场后就把话筒交给我。我努力克制着自己的不爽，决定再困难也要发挥自己的价值，坚持自己的风格——让教学在对话中进行。

一开场我就说："我与高校老师有过多次交流，我知道我的风格与你们习惯的风格差异很大，但也许正是这份差异，才构成我与大家交流的意义。我也知道你们不容易接受我的风格，所以很期待与你们进行观点的碰撞，哪怕是最激烈的碰撞，我都有心理准备。我的课程通常全程都是探讨，一个问题接一个问题地互动。"接着，我抛出第一个问题：学生学习的根本目的是什么？让大家随便谈谈。

我的问题抛出去了，全场四五十人，没有一个人与我有眼神接触，所有人都低头忙自己的事情：玩手机的玩手机，看书的看书，判卷子的判卷子。场上鸦雀无声。我只好用惯用的话术来缓解

第二章 建构主义，为教学赋能

尴尬："你可以不回答我的问题，但你不能不思考。"几分钟的冷场后，我无奈地翻到下一页PPT，自己说出答案：学习的目的是改变！并补充说，教学的目的是促进学生改变，我认为一切不以学生改变为目的的教学都毫无意义。

我又试图抛出戒烟的案例引发大家讨论。我说："让我们一起探讨一个与改变相关的情境。那些被确诊为肺癌的患者，医生警告他们必须戒烟，不然对健康非常不利。然后相关人员跟踪这些患者，看他们到底戒不戒烟。请大家猜一下，到底有多大比例的人会戒烟？"我的问题引发了大面积的低头，依然是玩手机的玩手机，看书的看书，判卷子的判卷子。尴尬了一会儿，我说："你们都不愿意与我互动，我给你们讲个故事吧。"

故事讲的是一个杀人越货、无恶不作的歹徒，身上背了几十条人命，死后理所应当地被打入地狱十八层。他也觉得自己罪有应得，理应受到最重的惩罚。有一天，他惊奇地发现地狱十九层也有动静。在狱卒送饭的时候，他好奇地问："我说老兄，这地狱十九层怎么还有动静，关的是什么人呀？"狱卒很不屑地说："十九层，关的是那些不与学生互动、只会填鸭的教授呀！"歹徒就更不解了，说："像我这样无恶不作的坏蛋进地狱十八层那是活该，那些人类灵魂的工程师怎么受的惩罚比我还重呢？"狱卒说："你只是伤害人的生命，那些被你杀害的人下辈子还有机会投生。而这些蛮干的教授，整天喋喋不休地宣贯，把学生的慧根都弄断了，不仅把学生这辈子毁了，连下一辈都毁了。所以，他们罪加一等。"

我的故事讲完了。只见坐在第一排的一位教授（应该是一位领导）扶了扶他的眼镜，"啪"的一声把水杯盖子盖上，迅速夹上笔记本，拿着水杯，扭头走出了教室，随即又有几个人跟着离席走了。我望着他们远去的背影说："用行动表达也是对话，谢谢你们终于回应我了。"

这时，有老师站起来说话了："实在受不了啦，完全是胡说八道。不是老师们的灌输，你的基础知识是哪儿来的？"我注意到这位老师气得满脸通红。我深知不能给处于不好情绪中的人讲道理，于是回应说："您是第一个愿意用语言跟我交流的人，我向您鞠躬表示感谢。同时我注意到，您现在的状态是听不进去我讲话的，我的信条告诉我，道理只在人想听的时候讲，恕我暂时不回答您的问题。有意思的是，您的表现已经回答了我的问题，那就是影响一个人做出改变的有三个因素：认知、情感、行为。您的反应恰恰演绎出情感和行为这两股抗拒改变的力量。我能理解您的反应，而我来的意义和价值恰恰在于用新的模式干扰一下你们习惯了的模式。"这位老师很不服气地瞥了我一眼，然后坐下了。

这时又有一位老师开腔了："田老师，我们不是不想跟学生互动，而是现实中学生也不跟我们互动，你让我们怎么互动呀？"问到"怎么样"的问题，看来是进入学习状态了。我说："我一开始就努力跟你们交流，看来你们确实不习惯在课堂上跟老师交流。我的授课风格跟你们心目中的课堂完全不一样，不互动我的课程就进行不下去。你们要是不介意的话，刚才这20分钟我们抹去不算，把PPT放回到第一页，重新开始。"场下没人回应，我就视为默许，把

|第二章| 建构主义，为教学赋能

PPT 放到第一页重新开始，问："学习的目的究竟是什么？"这回开始有了你一言我一语的交流，后续两个多小时的课程互动得很融洽，课堂效果极好。下课后，很多人不愿意离开，围着讲台与我讨论各种各样有关互动的问题。

2. 问题是课程大纲

课堂上，老师应该引导学生共同探索问题，而不是向学生推销知识。知识是在解决问题过程中带出来的。老师要在学生建构的过程中不失时机地提出恰当的问题，用问题引导学生的思维。内容传授并没有那么重要，持续激发学生思考才是关键。极端点说，内容也未必是课堂必需的。有问题就可以在课堂上共同探讨，大家共同探讨的结论还可以成为以后的课程内容。

西方有一句教育格言："学生有提问的权利，老师没有直接给答案的权利。"因为每给学生一次答案，都会扼杀一次学生自主探索的机会。老师要引导学生思考，学生自己思考然后有所得，才能形成学生的见识。虽然我们没办法知晓学生是如何思考和推理的，但至少可以通过问题引导学生思考什么，以及往哪个方向去思考。

建构主义更重视给学生一个场景，让学生从场景探索中悟出某种道理。人们总是借助具体的场景来理解抽象的知识和概念，老师要把所讲的知识和概念还原到知识应用的场景中，再由学生从场景中进行分析和探讨，最后自己悟出老师要讲的知识，这就在不知不觉中转移了知识的所有权。于是学生会认为知识是自己悟到的，而不是老师强塞给自己的，否则，老师直接给学生的答案，所有权永远是老师的，不是学生的。

用友集团每年都有后备总经理班，就是从基层经理中选拔优秀的人员培养成为后备总经理，他们当中每年都有人成为省区或地区总经理，接管一个分公司。对这些人应该怎么培养？曾经争议很大，有人主张外请名师，有人主张要请副总裁级别的人授课。从2010年起，我力主案例研讨式学习，什么外部课程、领导授课都不需要。我们三天的课程加起来的PPT不超过20页，培训的效果却出奇地好。我们不给学员讲任何知识，只是在教室后面架上摄像头，全程录像，并且有好几个部门领导坐在后排观察；我们把28名学员分为四组，告诉他们领导在做选派决策的时候可能会调取学员课堂表现的视频。

第一天早上的议程很简单，一页PPT给出一个场景：假如今天你去某分公司就任总经理，给你10分钟时间做就职演讲，谈谈你的设想，要把公司带成什么样子，给员工一个跟你拼命干的理由。假设其他学员都是你的员工，他们要给你的演讲打分。所有人都完成就职演讲之后，一个上午就过去了。

下午讲平衡关系，给了四个场景。比如，销售和客服的矛盾。销售部签了一份300万元的合同，客服部经理找到你，说这是一个老客户，他们签单时送了客户一年的服务费，所以应该从300万元的合同中划拨给客服部30万元作为服务费，乍听起来好像很合理。你就把销售部经理叫来，岂料销售部经理一听就拍桌子了："他还

第二章 建构主义，为教学赋能

好意思要服务费？本来这个单子能签500万元，就因为售后服务不好才签了300万元，少签了200万元我还想找他要呢！"出现矛盾了，你作为总经理，断一下这个官司。其他场景还有卖新产品和卖老产品的矛盾、财务和业务的矛盾、市场和销售的矛盾等，大家一起讨论，没有标准答案。

第二天上午是讲管人的问题。第一，有一个德高望重的技术专家是民意领袖，你刚接任总经理，他领着一小撮人给你难堪，你该怎么办？第二，刚提拔的销售总监是去年销售一部的经理，他被提升后，销售二部的经理就一直不在状态，你作为总经理，应该怎么跟销售二部经理沟通？诸如此类的问题，也没有标准答案，大家在课堂上热烈讨论，动辄争得面红耳赤。

第二天下午讲的是四个执行力的案例，第三天讲的是区域布局策略的问题。接连三天，下课了学员们都还在讨论。

最后，全部课程结束的时候给每位学员发了六本书，告诉他们这三天讨论的问题在这些书中都能找到参考答案，回去自学吧。

次年4月，那个班的某位学员已经成为某省区分公司的总经理，来总部开会，见到我感慨道："我来用友十几年了，各种培训不记得参加过多少场了，唯独那场培训让我终生难忘。"我说，那就是些讨论，怎么会给你留下那么深刻的印象呢。他说："田校长，不瞒你讲，没当总经理之前，我只想着总经理多么威风，有权力、有地位，压根儿没想总经理还要面对这么一大堆琐事，要断这么多官司。那次培训相当于把一个总经理要面对的场景提前三个月让我全面体验了一下。今年上任虽说就一个季度，我根本没感觉到自己是一个新手，反而像一个老手。后来我把给我发的那六本书全都看了，对管理的理解有了升华，感觉收获很大。"

这就是一个典型的建构主义教学实践。建构主义教学可以只给情境，不给答案。让学员研讨比我们教给他们什么知识都管用。

3. 多手段促进学生吸收转化

学习效果受制于学生的接受水平和转化程度。不管老师讲多少，学生的接受能力总是有限的，同时，老师讲多了，留给学生思考的时间就少了，学习的转化率也就低了。教学过程实际上是转移知识和技能所有权的过程，只有学生把老师传授的知识技能完全转化成自己的，形成个人版本的理解，表现在自己的行为上，才是完整的、闭环的学习。宋儒程颐说："颐自十七八读《论语》，当时已晓文义。读之愈久，但觉意味深长。"从"晓文义"到真读懂还有不短的距离。由此看来，王阳明所说的"知是行之始"相对容易做到，如果能够在"知"的基础上启动情感脑，运用情绪能量，也许更容易驱动人迈出第一步，但是坚持到底地用实践去检验真理，做到"行是知之成"，则需要付出更多的能量去坚持。

老师在促进学生吸收和转化知识上下多大的功夫都不为过，要变着法地引导学生将课堂所学跟自己的工作、生活进行连接。我上课经常给学员讲："如果你不能够把我所讲的新知跟你原有的知识和经验建立有效的连接，那么这个知识不属于你。"

本书第一章讲"培训如何下接绩效"时，专门有一小节讲了关于转化的问题，在此不再赘述。

4. 正确面对学生的挑战

建构主义崇尚师生共同面对问题展开公开而积极的讨论。对老师而言，最大的难点就是如何快速有效地回应学生的提问和挑战。我认为，对老师的水平进行划分，有一个标志性的指标就是老师对学生提问的态度。换句话说，老师是用防御的心态还是用欢迎的心态面对学生的提问，可以看作区分老师水平高下的一个重要标志。

害怕学生提问或挑战的老师，很容易处于防御状态，成为自己所授知识的辩护人。事实上，老师越辩护，学生越逆反。这种状态的长期积累只会让老师的课越教越枯燥。

对热衷于跟学生探讨的老师而言，问题就像磁铁，能让散落在各处的碎片凝聚起来。以问题为线索可以把散落在大脑各处的知识经验整合成体系化的模块。老师就有机会借助学生的问题不断提高自己对授课内容的理解，从学生的分享中收集大量鲜活的素材，改进自己的课程和授课方式，教学相长才会变为现实。

从学生的角度看，我以为学生提问并非有意为难老师，而是将老师所授知识和自己已有的知识经验进行关联的时候产生了不一致、不和谐所致。**没有人会罔顾自己的知识经验而轻信别人的夸夸其谈。**学生提出挑战往往代表一类学生的疑问，所有的疑问本质都是关联障碍。即使学生在课堂上给老师面子不提问，其内在的关联障碍也不会凭空消失，下课后照样会对老师所授内容嗤之以鼻。老师要感谢所谓"刺头"学生勇于提问，他是代表一类学生问的。面对学生的问题，如果老师正好有准备，那么学生的挑战恰是老师表现的机会；如果老师没有准备，学生用问题把老师拖出舒适区，有助于促使老师把脑海中的碎片知识整合成答案，老师就在课堂上获得了新的经验。所以，面对学生的挑战，最关键的是老师的内心状态。老师处在学习态，"刺头"都是"课托"；老师处在批判态，"课托"也是"刺头"。

我曾受邀给一个全国高校教师培训班授课，讲用友大学的教学实践，学员是来自全国各地的高校和高职骨干教师。上课前几分钟，组织者向我介绍：这些学员都是从全国各省选拔的专家和精英，80%的人有博士文凭，一小半人是教授甚至博导。言外之意就是提醒我谨慎行事。我还是讲我一贯的"上接战略、下接绩效"的企业培训主张和建构主义实践。要知道，他们平时的教学方式都是"砌墙学派"的，而我讲的是建构主义的教学方式。

开场仅仅20分钟，就听到下面开始开小会，有点炸锅的感觉。前排一位资深老教授说："什么玩意儿，我一句话就能把他驳倒，瞎掰！"如果你是我，遇到这种情况，你该怎么办？关键时候建构主义救了我。

我沉默了半分钟，听他们讲，这半分钟我也在思考。很快，学员们注意到我停下来了，他们开小会的声音也小了。我清了清嗓子

第二章 建构主义，为教学赋能

说："我不得不干预一下，大家的反应说明我讲的内容对大家很有价值。作为分享，我今天根本没想说服大家接受我的这一套。因为大家都带着自己多年的知识、经验和价值观来到这个课堂，我给大家的是一种信息，我只保证我讲的都是我实践过的，我没有让你们接受我的观点。我是建构主义者，我给大家输入的是一种信息，也是一种客观存在，你信多少是你的选择。能信多少算多少，哪怕觉得一句话都不信，那它至少还有一个作用，就是能把它当靶子打。大家把我讲的内容结合自己固有的信念进行加工建构，才是我希望达到的效果。大家的反应正好说明大家在积极思考，一堂课只要能够调动学生积极思考就是好课。我作为老师并不是要给学生灌输什么知识和理念，非得要学生相信我的东西，我只是分享给大家，你们能接受多少取决于多方面的因素。我很能理解大家的反应，你们有多年的认知主义教学经验，突然听到一个不一样的说法，当然会有激烈反应。在座的各位都是老师，回去也要给你们的学生讲课，如果你们在课堂遇到类似的情况，你们通常如何处理？建构主义的课堂非常鼓励不一样的声音。"

讲完这段话，我又沉默了半分钟。全场突然爆发出一阵热烈的掌声。他们可能发现了，尽管没在我这儿学到有价值的内容，但学到了一种处理争议的方式，我这种处理方式让他们很意外。接下来很多人把他们的观点亮了出来，课堂上展开了热烈的讨论。后来，很多学员认为我讲的内容对他们原有的观念是一个补充，有一定的价值。

所以，一旦信奉建构主义，老师的内心就会变得很强大。学生各种各样的意见不是针对老师的，而是提供给课堂的讨论素材，甚至意见越分歧越有利于学生建构。

我在课堂上非常享受与学员畅所欲言地讨论。学员的分享和问题常常会激发我的灵感，帮助我把散落在大脑各处的知识和经验整合成体系化的模块。当把自己的整理分享出来的时候，如果看到学员很有收获的样子，一方面，我很有成就感；另一方面，这些内容可以成为我持续优化课程的素材。

好课堂是师生完美合作的结果，那种相互促进的氛围一旦形成，师生都会有很大的收获。一堂课下来，学生当然要有收获，老师也必须有收获，课程还要有升级。课堂应该形成一个学生、老师、课程三者互相促进和提高的良性循环。

老师只有自己解决了在课堂上学习的问题，才能激发热爱教学的深层动机，才能发自内心地爱上课堂和学生，也才能影响学生真正地喜欢学习，从而彻底改变老师和学生双方应付的教学现状。

5. 学习效果须当堂检验

学生的有效改变是检验教学效果的唯一标准。在教学效果评价上，建构主义更加崇尚表现型评价，更重视通过学生的外在表现来检验其建构情况。在培训中，学员是教学活动最直接的体验者，他们的反应才是培训效果评估最重要的依据之一。学员只要结合自己实际工作的感悟、困惑、受他人的启发等进行发言，就能表现出他

第二章 建构主义，为教学赋能

们的建构情况。所以，建构主义课堂的效果评估可以随时进行，而且方式多样。老师要敢于通过学员的改变来搜集线索，评估和改进自己的教学，更要给学员表现的机会，以便了解其对内容的掌握程度。

在一次"赋能领导力"内训课堂上，我开场一口气讲了一个多小时。休息后，我说："我刚才讲了这么多，我想知道在你们的脑海里发生了什么反应，你们有什么收获或困惑？有收获就分享，有困惑就提问，我们互动一下吧。"现场居然冷场了，大概他们不太习惯跟老师互动。沉默了一会儿，一位学员为了化解尴尬，发言说："老师，刚才你讲得很好，我们都特别认真地听，都听懂了，你就继续讲吧！"我说："你说你听懂了，却又不站出来分享，我怎么知道你所听懂的就是我想要传递的？"在我的坚持下，有几位学员发言了。

所以，无论学员是分享感受还是提问题，老师都可以通过其具体表现判断其吸收转化的状况，检验教学效果。

教学效果评估之所以成为一个世界级难题，主要的原因还是课堂互动少，留给学员转化的时间少，没有给学员表现的机会。在课堂上，我连续讲授超过一个小时就觉得不自在，必须来一段互动再继续下面的内容。我的课堂无非几种形式：我说你点评、你说我点评、你问我答、我问你答。如果学员不向我提问，我就可能反过来向他提问。我喜欢把一部分知识通过回答学员问题的方式分享给大家，也喜欢用对学员分享点评的方式来进一步拔高大家对某些知识的理解，纠正学员一些走偏了的理解。

相传民国大师刘文典在西南联大任教的时候，他的期末考试很特别。他不组织闭卷考试，也不让学生写论文，而是把考场设在一个茶馆里，弄一壶好茶慢慢品着，学生们鱼贯而入，每人根据一学期所学问老师一个问题。刘教授根据学生提问的水平和深度来区分学生的水平。

教学的评估必须是动态的，把评估穿插在教学过程中，有效果当堂就知道，有疑惑当堂就解决。

第三章
行动学习，让工作更容易

深化应用行动学习的关键在于把握其精神实质，并且不断地创新。

| 第三章 | **行动学习,让工作更容易**

行动学习在国内野蛮生长了几年后,近两年略显疲态。有一位企业大学校长有点痛苦地问我行动学习在组织中如何深化应用的问题。他说:"我们的团队几年前引入行动学习,在组织内掀起了一阵热潮,引起了不小的轰动。可是,几年下来,大家玩腻了世界咖啡,对团队共创不新鲜了,催化师们疲沓了,学员们也失去新鲜感了,似乎一切又回到了从前。感觉行动学习在我们的组织中遇到瓶颈了。田老师,你说该怎么办?"

我以为行动学习并不是几个具体工具的代名词,也不是什么新概念,只是团队高效工作的方式。深化应用行动学习的关键在于把握其精神实质,并且不断地创新。任何实践背后都有理论,有什么样的理解,就有什么样的应用。如果应用局限于几个简单的工具,归根结底还是没有把握行动学习的精神实质,做不到灵活运用。不能灵活运用,反倒会被工具和规则束缚,新鲜劲过后,再先进的方法也会变得陈腐。因此,要用好行动学习,对行动学习的理解和应用就一定要与时俱进。

对行动学习的五次认知迭代,大大拓展了应用空间

我与行动学习结缘已经十几年了,其间也有过不少困惑,但好

在没有停留在简单的工具运用层面，一直没有停止对其本质的探索和应用的发展。管理科学就是实践科学，我一向主张边学习，边创新，边实践，边发展。任何照搬前人经验的做法都是没有前途的，哪怕是大师的理论，也会在实践中遇到实际的挑战。为应对这些实际的挑战，免不了对理论进行灵活运用和适应性发展，于是理论会在实践中升华，实践会在理论的指导下落地。回顾我十多年来应用和发展行动学习的过程，大致经过了几次重大的理解升华，每次理解升华都大大拓展了我对行动学习的应用空间，为行动学习注入了新的能量。

1. 结构化研讨工具

我初识行动学习，是在 2009 年下半年用友引进的 IBM"蓝色品位"课程上，该课程中安排了多次学员讨论与汇报的过程。中午我陪 IBM 的老师吃饭，他感慨道："我很惊讶，像用友这样国内行业龙头的公司竟然不会用头脑风暴。"他的话深深刺激了我，我当时就反驳："我们工作中那么高频的开会和讨论，随时都在头脑风暴，你怎么说我们不会头脑风暴？"他说："没有过程、规则和方法工具的头脑风暴，说难听点就叫吵架。"我紧接着问他 IBM 是怎么头脑风暴的，才了解到 IBM 的 ACT 方法，进一步了解到 GE 和 IBM 用行动学习的方式开展工作的情况，也了解到华润集团和中粮集团同样把行动学习开展得很好。

后来我接触到团队共创法，才知道每一个研讨环节都应该有流程和规则，这是提高团队研讨效率的关键。就算 20 分钟的研讨，也可以结构化定义。首先，每人独立思考 3 分钟，不讨论，把自己对研讨命题的核心观点写在即时贴上，每张即时贴只写一个观点。其次，每人分享 1 分钟：从组长的左手边开始，每人用 1 分钟在组内分享自己的核心观点，其他组员不得打断。再次，自由讨论 5 分钟：小组内自由讨论，每个人都可以在他人观点的基础上桥接、延伸、整合。最后，形成结论 3 分钟：组长带领组员归纳总结出本小组研讨的结论。我把这个过程命名为"3153"。别小看这简短的过程，这个过程既有效地防止了"大嗓门效应"，又让每个人都有机会表达意见，该聚时聚，该散时散，随时都可以进行，而且效果非常好。

2. 经验学习方法

假如对行动学习的理解仅仅停留在团队研讨工具层面，会有两个弊病：一方面，很容易被流程和规则束缚，死板地运用工具，参与者未必能体验到行动学习的乐趣，思维反而会被规则限制；另一方面，行动学习能发挥的作用也会受到限制。

我对行动学习认识的第一次升华是发现其与一般课堂的互补性：有问题也有答案的情形适合开发课程；只有问题没有答案，要靠整合团队智慧开发答案的情形适合行动学习。正规课堂偏重理论学习，行动学习偏经验学习。这就在理论上为行动学习打开了另一扇门，接上了美国社会心理学家、教育家，著名的体验式学习大师戴维·库伯的经验理论。库伯认为完整的学习过程有四个阶段，即"具体经验—反思性观察—抽象概念化—积极实验"，这四个阶段会形成一个"经验—反思—抽象—实践"的闭环。而行动学习恰恰能促成这个闭环运转，促使人们通过对具体经验的反思，形成规律性的认识，然后用这种规律性的认识去指导实践，通过实践经验去验证规律性认识，继而再反思，对规律性的认识进行修正和改进，接着再用修正和改进后的规律性认识去指导新一轮的实践，如此往复。库伯认为，人们就是在这样往复的循环中持续学习的。

行动学习中，一小组人针对一个实际存在的问题，回顾并反思各自的经验，对问题的本质做出判断，通过对经验的提升形成对此类问题的规律性认识，形成解决问题的方案，并在方案实施的过程中，检视方案的有效性，从而形成新的经验，进入下一个学习循环，直到问题得到圆满解决，规律性的认识得到充分验证。理论上，这样的循环会一直往复下去。因此，行动学习中，学习和行动是不可分割的过程。王阳明说："知是行之始，行是知之成。"知行本来就应该是合一的。著名教育心理学家霍华德·加德纳的学生问他："教授，我如果不理解一个理论，怎么能够运用这个理论呢？"加德纳回答道："除非你运用这个理论，否则你永远不能真正理解它。"**学习为行动提供指导，行动为学习积累素材，学习和行动本来就应该是交替进行的。**

这次认识的升级使我在行动学习实践中有两个大的发展。其一，行动学习是没有答案的五星教学，五星教学是有答案的行动学习。二者表层互补，底层相通。其二，在课堂上开发课程，有问题即可组织行动学习，行动学习的结果就可以是课程的答案。几次行动学习之后，课程就迭代开发出来了，大大提高了我们开发课程的效率。

3. 病构问题解决方法论

大约在 2012 年，我对行动学习的认识又有了进一步的提高。这次提高受益于去 GE 考察，让我注意到方法技能的重要性。我做了大量对方法技能的研究后，发现行动学习就是典型的方法技能。

前文提过，我对方法技能的定义是：与具体的应用场景在一定程度上抽离的、解决一类问题的流程和工具的集合。

方法技能不是用来解决某个具体问题的，而是用来解决某类问题的。也就是说，把具备某种特征的一类问题置入一套解决问题的框架和流程，总能得出一个相对比较满意的解决方案，这个方案对问题的解决有促进作用。方法技能源自过往的最佳实践，是从多次最佳实践中总结萃取出来的。方法技能的开发需要一个去背景化的抽离过程，人们萃取方法技能正是为了下次遇到类似情境时能做到快速反应。专业人士相对普通人而言，优势之一就是他们掌握了很多方法技能，并能够在具体的情境中快速地进行模式匹配，运用恰当的方法技能来解决具体的问题。比如，麦肯锡咨询公司的年轻顾问能为世界 500 强企业做高端咨询，是因为他们有一套自己的方法技能；从 GE 走出来的职业经理人能适应各种复杂的经营环境，也得益于 GE 多年沉淀的各类方法技能。

为什么说行动学习是方法技能？行动学习是非常典型的一套解决某类问题的流程和工具的集合。进一步探索发现，行动学习是解决病构问题最有效的方法技能。何谓"病构问题"？简单地说，就是问题的描述、解决的方法和途径都有多种选择的不确定性问题。毫无疑问，组织在发展中遇到的问题大都属于有问题没有解决方案的病构问题。行动学习的过程就是汇聚团队力量，用一套流程和团队思考的方法寻找可行的解决方案的过程。遇到问题，不怕没有解决方案，就怕不知道用什么方法去找解决方案。行动学习是整合集体智慧为病构问题找到解决方案的最佳方法。

这次对行动学习认识的提升促使我进行了一轮解决问题方法论的主题阅读，最大的收益是明白了解决问题的理论都可以在行动学习中借鉴，解决问题的方法模型都可以改造成行动学习工具。另一个收益是让我养成了一个好习惯：解决任何问题前都会琢磨一下用什么方法框架去逼近想得到的结果。方法技能让我成为一个有招儿的人。

4. 社会学习的节拍器

第三次对行动学习认识的升华受益于读社会建构主义鼻祖维果茨基的著作。维果茨基把大脑的机能分为高级机能和低级机能。简单地说，人类和大猩猩都具备的大脑机能就是低级机能，人类独有而大猩猩不具备的机能就是高级机能。维果茨基最核心的主张是人类独有的高级机能是人类长期社会化活动的产物，他认为社会活动

第三章 行动学习，让工作更容易

是能力发展最重要的途径。

而行动学习恰恰是在社会环境下进行的，这就启发我更大力度地挖掘行动学习的社会性方面的潜力。功夫不负有心人，通过深入研究，我最大的理解是：**行动学习的本质是多脑联机解决问题，同时相互启发，促进参与者学习提升**。行动学习为什么要规定研讨的流程和规则？原因很简单，只要是多人参与的情境，一定会涉及同频共振的问题。行动学习就是要用一个节拍器让所有参与者在同一时刻用同样的思维方式思考，从而减少摩擦，能够更好地相互启发、相互借力，形成脑力聚合效应。

几年前，有人曾经质问我："田校长，难道你真以为行动学习就是包治百病的万能药吗？"我当时也回了句狠话："在团队中，只有不愿意用行动学习解决问题和带领团队的人，没有行动学习派不上用场的时候。"我认为只要是团队工作的情境，行动学习总能发挥作用。

这次认识的提升对我的启发有三点。第一，进一步扩展了行动学习应用范围，凡是两人以上的场景，都可以用行动学习。第二，更灵活地改造发展出很多行动学习工具，比如"用友干部与专家夏令营"的行动学习方法是我们在传统教练工具平衡轮的基础上改造和发展而来的。凡是一对一的教练工具，增加一些社会化规则都可以改造成行动学习工具。第三，行动学习是在社会环境下实现意义协商的工具，课堂研讨本质上也是行动学习，我称之为"微行动学习"。

5. 社会化经验学习

最近一次对行动学习在认识上的升华是近两年创业之后，我把经验学习和社会学习两大属性整合后产生的，源于大数据对我的启发。我用了大数据的两个重要概念来类比行动学习，认为每个个体都有自己独特的算法（思维方式），也都带着自己独特的数据（知识经验），而行动学习就是要形成一个有秩序的场域，像市场一样，让参与者能够相互交换数据，分享算法，从而借助团队的算力和数据解决团队的问题，同时让参与者能够升级算法，个体的收获不仅有积累更多数据，还有升级原来的算法。类比的力量是巨大的。这个类比使我直通社会化学习的本质，甚至完全超越了行动学习本身。

我对行动学习的定义是：行动学习就是利用有效的研讨方式，对散落在不同参与者脑海中关于某一主题的见解与智慧加以析取、整合，而这个析取、整合的过程及其结果又能够让组织和所有参与者从中受益。行动学习的本质是社会化的经验学习，是数据的跨脑联机，是算法的优化升级。其更有价值之处在于：**用我的算法加工你的数据，用你的算法加工我的数据，实现了不同个体之间进行数据和算法的交叉迭代。**

行动学习工具无非是大家聚在一起的时候，先要商讨一个共同的参与算法而已。这个算法要达到的目的是充分激活参与者的数据，整合参与者的算法，形成达成共识的集体算法，进而加工完成一个高度共识的解决方案。我称之为"横向拉网，纵向捞鱼"。拉网是为了跨脑关联，捞鱼是激活每个参与者的知识经验。

第三章 行动学习，让工作更容易

任何有效的实践必有理论支撑，把实践上升到理论高度，就能够把握其精神实质，这个过程叫"借术悟道"。把握了精神实质再反过来指导新的实践，就能够活学活用，做到运用之妙，存乎一心，这个过程叫"以道驭术"。术与道不接轨，知其然不知其所以然，术也用不好。反过来，道跟术不结合，空洞虚无的道难以显现。理论在实践中的灵活应用和创新反过来又丰富、发展自身，才体现了道和术相结合的关系。

故此，学习不能只满足于表面，而要不断深挖，把握其精神实质。唯有把握其精神实质，在实践中才可以大胆创新。因为我们学习的是人们过去的成功经验，要面对的是未来的问题，所以一定要能够透过现象看本质，从别人的实践中借鉴那些有滋养的元素，然后创造性、发展性地根据当前的目标、形式、群体特点植入一些新的元素，两相结合，发展出精神实质不走样、表现形式又与时俱进的方法。

四句话讲透行动学习的精髓要义

我在行动学习公开课上，会安排学员像解剖青蛙一样解剖几个最常用的行动学习工具，让学员通过对工具的解剖，理解行动学习过程要引发的团队思维活动，彻底掌握行动学习背后的原理，理解行动学习之所以有效的底层逻辑，这样才能在实践中不被工具束缚，能够根据不同的应用场景灵活变通。《易经》有云："穷神知化，德之盛也。"把握了行动学习的精髓要义，才能运用自如。我把行动学习的精髓要义总结为四句偈：团队思考节拍器，个人智慧碰撞机；收集碎片找规律，利用规律解难题。

1. 团队思考节拍器

行动学习的目标是激活每个参与者脑海里与命题相关的数据（知识经验），并在参与者之间进行数据和算法的交叉迭代，最后形成有相对共识的解决方案。但凡两人以上工作的场景，就会涉及思维同频的问题。参与者能够同频共振还是龃龉不合？各自的数据是相互矛盾还是相互激发？算法是相互抑制还是相互促进？要有好的结果，全靠组织者的有效组织。

行动学习工具的核心作用是规定团队的思维过程，行动学习项目设计的核心任务是规定研讨的思维过程，催化师不过是团队思维引导师。团队思考的关键是要把控群体思维的节奏，让整个团队的思维跟随催化师既定的节奏流动。人的思维可以分为发散思维和收敛思维两种，感知、联想等属于发散思维，评估、决策等属于收敛思维。任何具体的行动学习工具，考察其每个环节要引发的团队思维，无非发散和收敛两种。比如，行动学习观点互碰环节就是一个发散过程，每个参与者都分享自己的观点，越多越好；形成结论环节则是一个收敛过程，要用某种规则或标准集体决策形成团队共识的结论。

如果把行动学习工具比作各式钻头的话，那么要引发的团队思维就是钻头要打的眼儿。初学者更喜欢关注钻头，专家更关注要打什么眼儿。我经常会像庖丁解牛一样分析各种行动学习工具，寻找其中的发散过程和收敛过程，还要思考：这个过程重事理还是重人情，是温和还是激烈——就像中医中探究各种药材的药性一样。探究的目的是下次设计行动学习项目时能想到它，我完全可以根据需要，把 A 方法的头和 B 方法的尾嫁接在一起。中药讲求各种药材的配伍，行动学习项目设计就像中药配药一样，一方面要掌握病症的特点，另一方面要掌握各种工具的药性，两方面都具备了，配伍就容易了。

当然，中药也把经常配伍的一些药做成中成药，如六味地黄丸、十全大补丸、乌鸡白凤丸等。在我看来，这些现成的行动学习方法，如世界咖啡、团队共创、六顶思考帽等，不过是典型的中成药罢了。真正的名医，总能对症下药，不轻易用中成药。我们每年在"用友干部与专家夏令营"上采用的行动学习方法都是独创的，根据主题量身定制。理解了行动学习过程要引发的思维，工具就像积木一样可以灵活组合。即便我用现成的工具，也会根据命题的需要和团队的特点做适当调整。只要深刻理解了"团队思考节拍器"这一核心本质，根据命题需要组合创造全新的行动学习工具便如探囊取物般容易。

2. 个人智慧碰撞机

行动学习有经验学习的属性，参与者都是带着自己已有的知识经验来的。行动学习的命题是提取参与者知识经验的钩子，命题一出，参与者都会以命题为线索在脑海里检索自己那份相关的知识经验。参与者一个接一个分享自己观点的时候，每个参与者都会收到与自己以前想法不同的信息，这些信息能激活他们脑内更多的神经元。大脑处理信息主要靠的就是神经元，在外在的信息激发下，被激活的神经元多了，就可能产生有价值的关联。参与者的大脑自然就进入了创造性脑力劳动状态：观点的桥接、延伸、整合等思维过程开始活跃起来。当参与者再次一个接一个地分享其上轮受大家启发后的新想法的时候，现场就出现了"用我的算法加工你的数据，用你的算法加工我的数据"的算法和数据交叉迭代现象。比尔·盖茨说过，力量并不来自掌握的知识，而是来自分享的知识。分享知识才能创造价值，一个人即便学富五车，但不与人分享，也不会创造价值。行动学习过程中参与者个人有收获的关键是营造轻松愉快的场域，让参与者的数据和算法产生充分的交叉迭代。因此，我称行动学习是"个人智慧碰撞机"。

我们可以把学习过程理解为促成并巩固学习者脑内有价值的神经元连接的过程。如何才能让参与者收获更大呢？最重要的指标是学员在学习过程中产生的神经元连接的数量与质量，通俗点讲，就是学员产生醍醐灌顶、豁然开朗的感觉的次数和强度。要提高产生豁然开朗的概率，重要的是营造好的氛围，促成高质量的对话。要让参与者的大脑处于轻松状态，神经元处于兴奋扩张状态。

有人问我："最理想的场域究竟应该是什么样的？"我觉得简单点说，就是要看多少人能在研讨中进入心流[①]状态，即忘记了自

[①] 心流在心理学中指人们在专注进行某行为时所表现的心理状态。——编者注

第三章 行动学习，让工作更容易

我，忘记了时间，意识处于一种不设防的复原状态。所有人都特别享受那种状态，在这种状态下，潜意识得到最大限度的激活和淋漓尽致的发挥。而这种状态是相互感染的，一个人进入心流状态后能带动另一个人进入心流状态，老师率先进入心流状态后会带动学员进入心流状态。

格式塔心理学认为，顿悟是一种知觉重组的现象。当猴子意识到把装东西的箱子摞起来就能够着悬挂在高处的香蕉时，顿悟就发生了。当猴子意识到装东西的箱子同时可以用来当作爬高的阶梯时，其内在就产生了知觉重组。知觉重组的本质是用全新的视角看待某项事物或某种关系。不同的经历、不同角度的理解、不同视角的观察都是促成知觉重组的重要因素。只有在这样的学习过程中，存在主义哲学家卡尔·西奥多·雅斯贝斯所描述的"一棵树摇动另一棵树，一朵云推动另一朵云，一个灵魂唤醒另一个灵魂"才可能发生。

多年前我给一个企业做了整整一天世界咖啡的引导，到最后各个小组汇报的时候他们领导参与了。晚上他们领导请我吃饭，问了我一个问题："田老师，我有一个疑惑，对你也可能是个挑战。我们几十个人搞了一整天世界咖啡，最后我听了各组小组汇报的成果觉得也没什么新鲜的。我全天没有参加学习，就是让我一个人想，也能把他们汇报的结论想个七七八八来。为什么学员们还那么兴奋呢？行动学习的价值究竟在哪里呢？"我略加思索回答说："汇报的结论只是你能看到的冰山上的部分，而每一个参与者真正的收获在过程中，并且各自的收获都不一样，那才是看不见却更重要的冰山下的部分。"那位领导陷入深思，似乎悟到了点儿什么。

那次活动复盘，我创造了一个金句：行动学习中组织的收获体现在看得见的结果上，而个体的收获却在看不见的过程中。

3. 收集碎片找规律，利用规律解难题

前文讲到，行动学习是解决病构问题的利器。行动学习能够群策群力地整合集体智慧来解决现实问题，其原理又是什么呢？针对一个命题，每个参与者都掌握部分信息，都可以分享自己的知识经验碎片，却不能形成完整的框架概念，行动学习就是要把盲人摸象中的那些盲人对大象的经验收集在一起，再凭大家的智慧综合架构出大象的轮廓。每个参与者的智慧贡献都可以称为"碎片"，碎片收集得越多，越容易找到内在规律或深层结构。一旦找到内在规律，就可以运用内在规律解决同类问题。

从 18 世纪初开始，人们就陆续发现了各种性质不同的元素，但并没有找出其中的联系和规律。

1829 年，德国人德贝莱纳首先对元素原子量和化学性质之间的关系进行研究，他从当时已知的 54 种元素中找出了性质相似的元素组，如"锂、钠、钾""钙、钡、锶"等。

1865 年，英国化学家纽兰兹把当时已知的 61 种元素按原子量的递增顺序排列，发现每隔 7 种元素就会出现性质相似的元素，如同音乐中的音阶一样。他把这种现象称为"元素八音律"，并据此画出了标示元素关系的"八音律"表。回过头来看，纽兰兹显然

第三章 行动学习，让工作更容易

已经向真理迈进了一大步，只可惜当时测定原子量的方法还不够先进，发现的元素数量还不够多，所以更深层次的探索没条件开展。

直到1869年，门捷列夫将当时已知的所有元素的主要性质和原子量写在一张张小卡片上，进行反复排列比较，最终发现了元素周期规律，并依此制定了元素周期表。门捷列夫的元素周期规律宣称：把元素按原子量的大小排列起来，会出现明显的周期性；原子量的大小决定元素的性质，可根据元素周期律修正已知元素的原子量。

门捷列夫的元素周期表实际上是一个元素排列的架构，这个架构是通过努力发现碎片之间的关联，并试图整合所有已知的碎片规律归纳而成的。这个框架一旦形成，就可以运用它去探求那些未知的元素，比如门捷列夫就成功地预测了元素钪、镓的存在和位置等。

从元素周期规律的探索过程中可以总结出发现深层结构的普遍规律。首先，无规律的碎片化知识和经验的积累；其次，寻找这些碎片的内在关联性；再次，当找到足够多的碎片和关联后，试图架构出一个能够整合所有已知发现的框架，这个框架是揭示事物本质规律的深层结构；最后，依据框架按图索骥，发现那些没有被发现的碎片，解决新的问题。这个规律是被科学家们普遍采纳和推崇的。在胚胎发育遗传领域做出杰出贡献的诺贝尔生理学或医学奖获得者克里斯汀·纽斯林-沃尔哈德说过："解决问题的关键在于收集到足够多的碎片，并努力寻找这些碎片之间的关联性，而不是只关注某些碎片。"著名物理学家杨振宁也说："一刻不停地搜寻事物之间的关联，无论有意识还是无意识，才是科学研究的关键。不能只局限于某一个问题。如果已经积累了大量的微小联系,就想方设法对它们进行重组,一旦找到那个至关重要的碎片,就可以把与其相关的多个碎片组合在一起了。这种填补空白的乐趣妙不可言。"我们的大脑会因为从碎片中发现关联而快乐,会因为从诸多关联中重组模式而快乐,会因为发现不同表象背后相同的模式而快乐,更会因为同一模式解决不同问题而快乐!

值得一提的是,我在行动学习教学中也用了收集碎片找规律的策略。我让每个小组针对一个典型的行动学习工具,像解剖青蛙一样分析工具应用中每个环节所引发的团队思维是发散思维还是收敛思维。全班探索出一个重要的团队思维规律,那就是交替应用发散思维和收敛思维。反过来,又可以根据这个规律任意组合行动学习工具。现在比较流行的行动学习工具,如头脑风暴、世界咖啡、团队共创、开放空间,其形成几乎都符合上述规律。一开始人们误打误撞地发现某种研讨方式很有效,于是把其改进升华成一种工具,但并没有深挖其有效的深层原因。当这种在实践中被证明有效的工具碎片积累多了,人们就有条件把它们放在一起进行交叉类比,探索其深层结构。一旦探知了深层结构,使用行动学习工具就不需要靠偶然事件了,而是按照原理按图索骥地搭积木式组合就可以了。

行动学习的五大应用

理论上讲,既然行动学习是社会化经验学习,那么,只要是

| 第三章 | 行动学习，让工作更容易

多人一起工作的场景，行动学习都能派上用场。在实践中，行动学习运用到不同场景的用法和侧重有所不同，可以总结成六大典型的应用。

1. 发展领导力

无论过去多成功，决定未来能否持续成功的只有一条：那就是思想要领先时代。现实却是：当一个人获得了较高领导地位以后，他正式的领导力发展活动就停止了。为什么呢？首先，下属惧于领导的权威，一定会竭力迎合、适应领导。换句话说，领导不改变是完全可以的，因为下属们会主动改变以适应他。其次，领导高高在上，下属又喜欢报喜不报忧，领导通常是最后一个知道坏消息的人，身份反而限制了其获取信息的能力。最后，下属遇事就请示领导，时间长了会让领导产生错觉：自己天生高人一等。下属们假设领导是万能的，领导也会膨胀地觉得自己是万能的，不需要学习。故此，最高领导者一不留神就变成组织中变化速度最慢的、学习发展最慢的那个人，却还要指挥"三军"，结果往往会把整个组织引向灾难的深渊。可以说，企业经营中最大风险是领导者膨胀自满，不再学习，沉浸在自己的世界里，对机会和威胁都视而不见。

组织中凡事都要向上级请示，员工请示部门主管，部门主管请示总监，总监请示老板，老板又去请示谁？老板的学习问题怎么解决？

杰克·韦尔奇用行动学习的方式解决了这个问题，他坚持双周在克劳顿维尔上一次课，当然，他上的课全是行动学习式的，他把课堂当成自己了解业务开展情况、获取信息和建议的场所。他说："我每次到克劳顿维尔都很兴奋，我从学生身上学到的和学生从我这里学到的一样多……我希望每个人都给我反馈和挑战。"他用这种方式打开了他的信息通道，避免了下属报喜不报忧的现象，从课堂上获得最新的业务开展资讯，把他施政的措施放在课堂上来推行和寻求反馈。诺埃尔·蒂奇说："全球的CEO都知道每年年底对上一年的业务执行情况进行盘点，年初又对本年度的业务进行规划。唯有杰克·韦尔奇做到了第三步，那就是，他用上课的方式持续推进和检查业务的执行情况，所以他成为全球第一CEO。"

行动学习能够让各级领导者深入群众，从群众中获取真实的信息，再思考、转化成应对策略。诺埃尔·蒂奇在《领导力循环：伟大的领导者引领企业制胜的关键》中提倡组织内部每个层级的"教导者"与"学习者"都要相互教导和学习，组织内形成一个良性的教导循环。这种良性教导循环能有效地把员工团结起来，并授权给他们，让他们分清轻重缓急，及时有效地完成任务。杰克·韦尔奇甚至认为，这种良性教导循环充分发挥了员工的创造力和主观能动性，是寻找、吸引客户的新方法，是20世纪90年代后期GE收入仍能呈两位数增长的主要原因。

2. 解决实际问题

解决业务实际问题是行动学习最自豪的主张，以实际问题为命

| 第三章 | 行动学习，让工作更容易

题是行动学习备受推崇的主要原因之一。《杰克·韦尔奇自传》里提到，当他们遇到一些新的业务挑战和问题时，常用的做法是：把它扔到克劳顿维尔的课堂上去解决。

最近我跟从事高等教育的朋友聊天。他说，以前企业对人才的要求是明确的，高等院校按照企业的用人标准培养人才，学生毕业后就好就业。这两年社会发展太快了，企业都忙着转型，连自己都不知道未来需要什么人才了，高等院校培养专业人才遭遇到空前的尴尬。我说："如果高等院校把培养重点转移到学生解决问题的能力上，也许会更好。比如行动学习，就是一套解决问题的框架。如果学生在校期间能掌握行动学习，那么他们毕业后在企业遇到具体的挑战，就可以使用这套框架去应对具体的挑战。在社会加速发展、时代飞速变化的今天，高等院校更应该注重学生思维方式和行为方式的培养。"

行动学习所采用的方法叫不完全归纳法，不求最好，只求更好。虽然一下子找不到最佳方案，但总能利用团队的智慧，集思广益、群策群力，找出目前为止，大家能想到又可接受的、能实施的较好方案。这个方案不一定最优，但比一个人拍脑袋要好。行动学习确实能解决业绩的实际问题，这也是其最具魅力的特点。

3. 组织经验萃取

组织经验萃取的本质是在经验中学习，因为完全可以用行动学习的方式收集局部最佳实践碎片，用集体智慧进行有意识的加工提炼，形成可复制的模式，进而在组织内规模复制该模式。在复杂多变的商业社会，没有人能保证永远把握住机遇，没有人能保证永远不犯错误，关键是如何在经验中学习，不断提升自己的心智模式，持续提高自己对环境的适应能力。如果能够从每一段经历和经验中榨取一点未来可能复制的模式并规模复制，组织将无往不胜！

我们经常把业务精英们组织在一起进行行动学习，邀请每个人分享自己的最佳实践，从中萃取出做某些事情的关键成功要素，再用平衡轮让每个参与者自己查漏补缺，制订改进计划。

这种学习方法让人省去了四处去学标杆的麻烦。须知：所谓标杆企业的经验也是人家在自己真实经历的基础上萃取升华而成的。真正成功的企业会向社会输出自己的方法论，比如 GE 的群策群力、丰田汽车公司的敏捷制造、谷歌公司的 OKR（目标与关键成果法）等。

从实践经验中提炼升华形成方法论的能力就是体系化能力。体系是体系化能力的产物，向标杆学习远不如自己具备体系化能力重要！体系是鱼，体系化能力是鱼竿和渔网，体系化能力远比体系本身重要得多！当然，方法技能的总结需要一个去场景化的抽丝剥茧过程，需要行动学习与萃取技能组合应用。一旦萃取了自己的方法技能，以后遇到类似情境就能做到有套路地敏捷反应了。

4. 镶嵌在课堂中

课堂的社会属性是显而易见的，学员们也都带着自己已有的

|第三章| 行动学习，让工作更容易

知识经验来参与学习建构，因此，行动学习完全可以镶嵌在课堂中，演变为"微行动学习"，即用行动学习的方式进行问题研讨。按照行动学习的精神：问题是课程大纲，学员是老师，老师是催化师——我想，满足以上三条的所有课堂组织都可以说是微行动学习。

什么东西一旦变成"微"的，就更容易操作、普及。凡是正襟危坐、正经八百地搞行动学习，反倒可能会变样。当很清醒地意识到自己在进行行动学习时，你可能恰恰不是在做行动学习。随便一个研讨、会议的场景中，想到用即时贴组织大家集思广益的时候，也许行动学习就渗透到了组织的血液中。

把微行动学习镶嵌在各类工作中，久而久之，组织文化必然得到重塑。通过多年的不懈努力和持续强化，用友大学早已模糊了行动学习的界限，分不清什么时间在行动学习，因为团队工作的时候，我们可以在各种会议中随时进行研讨，甚至我们开发的课程随时都可以开展微行动学习。只要掌握了行动学习的精髓，鼓励大家参与、倡导质疑反思，行动学习的形式就可以无限创新。

北京大学企业与教育研究中心主任吴峰教授评价用友大学的行动学习时说："行动学习是企业大学的主要方法之一。行动学习在用友大学的实践堪称伟大，它调动了广大员工的积极性和参与性，构建了用友大学良好的学习生态。"

5. 帮助团队达成共识

GE 内部有一个变革成功公式：

$$E = Q \times A$$

E 是 effectiveness of change，指变革的效果；Q 是 quality of decision，指决策质量；A 是 acceptance，指团队成员对决策的接受程度和认同程度。他们认为，90% 失败的变革都失败在 A 上，即团队成员缺乏对决策的认同度。人的因素是变革成功的决定性因素，企业变革失败的关键原因在于：各级领导者在引领团队形成对变革愿景达成高质量的共识上做得不够，造成团队成员不理解、不支持、不会做。

GE 把行动学习当作一种团队文化共识和促进文化认同的工具。杰克·韦尔奇在自传里说："我总是不断地提醒我们的经理，不管你是哪个级别的人，都必须分享我们对人的激情。今天，我在他们面前是'大人物'；他们回到公司后，在员工看来，他们就是事实上的'大人物'，他们必须把同样的活力、献身精神和责任心传递给员工，传递给那些远离韦尔奇的人。"这段话给我的印象特别深刻。杰克·韦尔奇希望把他对事业的激情、活力、献身精神和责任心通过各级经理一级一级往下传递，传下去的方法就是行动学习。

团队共识达成程度跟团队绩效的关系非常紧密，组织中要达到文化共识、真正共享价值观，需要一道很长时间的"腌制"工序，是长时间"泡"出来的。行动学习在达成组织文化共识方面可以发挥巨大的作用，就跟揉面一样，只要团队里还存在不一致，就要一直揉下去。

| 第三章 | 行动学习，让工作更容易

* * *

把握了行动学习的精神实质，实践中就可以不拘泥于具体的方法工具。不但可以根据行动学习主题的性质有针对性地开发研讨方案，而且即便用现成的行动学习方法，也可以根据行动学习主题的性质进行适当调整。以世界咖啡为例，我认为世界咖啡是行动学习中的主食之一，可应用的场景很广泛，实践中，我会根据研讨目的和主题的不同，对世界咖啡做适当的改造。

假如行动学习的目的是解决实际问题，那么，世界咖啡中的每个小组必须负责一个实际问题，领导就不宜参与研讨了，更适合扮演投资者的角色，以投资者的眼光质疑各小组方案的可行性，俨然论文答辩的评委。假如行动学习的目的是发展领导力，那么世界咖啡所研讨的问题就可以虚一点，问题也许只是个抓手，老师和学员的心智迭代才是目的。领导则更适合当催化师，像杰克·韦尔奇那样以教练的身份与学员互动，营造一个相互学习、相互启发的社会学习环境更为重要。假如行动学习的目的是达成高质量的团队共识，那么，主题也可以务虚，而领导最适合以组员的身份轮流在不同小组参与讨论，分享自己的想法，理所当然地，领导的分享更容易被采纳上升为小组结论，无形中就把领导的意图转化为团队的意愿了。

可见，同样是世界咖啡，在不同场景下要有不同的"喝法"。工具永远要服务于研讨目标和主题，也必须根据目标和主题的不同而适当调整。

推广行动学习的三大策略

回首往事,我认为在用友集团范围内推行行动学习是我最引以为傲的事情。行动学习某种程度上已经成为用友大学的一个内部标签,很多用友人一提起用友大学就能联想到行动学习。如今,行动学习已经被用友人普遍接受,为数不少的干部和专家已经把行动学习融入自己的工作中,行动学习作为一种工作方式的理念已经充分得到了实践。如何在组织中推广普及行动学习?我以为有三个策略很重要。

1."农村包围城市"

几乎所有介绍行动学习的书都非常强调领导的重视,甚至有人建议没有得到领导的真正重视就不要开展行动学习。我非常理解这种主张的良好动机,但它很容易造成一个误解:万一某企业的"一把手"不够重视,行动学习的推行岂不是完全无望了吗?这对组织者的打击也太大了。因此我更主张微行动学习,一开始不要把声势造那么大,不强调组织的最高领导一定要高度重视,而是一点一点从底层向高层渗透,强调各级"一把手"重视。

推广行动学习更重要的是争取各级经理的支持。只要不断地做各级经理的工作,让他们喜欢上行动学习,在工作中应用和推广行动学习,日积月累,当越来越多的经理人把行动学习当成一种工作方式时,行动学习就推广成功了。我把这种策略称为"农村包围城市"。实践证明,这种策略甚至比"中央要求基层"的策略更容易执行。

行动学习之所以能够在用友集团普及并形成习惯,绝不是因为用友大学或我本人有什么手段,而是因为行动学习固有的魅力。这种方式能够有效激发学员参与讨论,点燃学员的激情。经过多年的积累,今天用友大学已经有一批中、高级干部和业务骨干能胜任行动学习催化师的角色,在工作中随时可以开展行动学习。

2. 持续依靠内生力量

有一位培训同仁跟我交流时说:"我们公司原来的'一把手'非常重视行动学习,多次亲自当催化师带领团队进行行动学习,以至于公司上下对行动学习也都非常重视。可是好景不长,没多久'一把手'调走了,新来的领导不怎么重视,慢慢地行动学习就被大家淡忘了。行动学习在我们公司就像一阵风刮过,什么也没留下。"我说:"问题的根源在于,你们原来的一把手在位的时候只注重开展行动学习,没有批量培养催化师。假如当初一把手能趁大家有热情时,把所有部门经理都培养成训练有素的催化师,让各级一把手逐步习惯把行动学习融入工作的各个环节,这样,即便他本人被调离,也对行动学习在组织中的普及没有太大影响。"这位同仁恍然大悟,说:"看来任何事情都需要群众基础,缺乏群众基础,即使靠领导权威硬推,也有很大的风险。"

行动学习一定要靠组织内部的力量自行开展,要培养内部的催化师，把行动学习融入工作的各个环节，甚至达到不需要精心策划都可以随时进行行动学习的效果。有很多公司的行动学习是请外面的催化师来做的，策划设计、过程把控、结果呈现与评价等重要环节都由外部催化师决定。在这种情况下，组织者、参与者都缺乏掌控感。我经常说，靠外力才能推进的行动学习就是没有引擎的飞机。行动学习是一种工作方式，有很多方法简单、有效、可复制，易学易用，刚开始可能需要外力导入，之后就可以自己玩了。每回都要靠外力才能搞的行动学习，什么时候才能在组织中推广普及？如果组织想把行动学习变成一种工作方式，我认为越快脱离对外部力量的依赖越好。当务之急是培养自己的催化师队伍，最好把在组织内有影响力的各级"一把手"培养成为催化师。我认为，带领团队行动学习是 21 世纪职业经理人的基本功课。

用友大学之所以能把行动学习推好，很重要的一条就是我们立足自主创新、自主推行，凡事自己干，哪怕一开始效果比请外援差一点，也都选择自己干。自己干的过程中能获得第一手的经验，能直接锻炼自己的人，然后再不断反思总结，持续优化，最终发展出自己独特的方式。这也应了老子说的"有之以为利，无之以为用"，外援力量很强大，固然给我们很多便利，但给予便利的同时，也剥夺了我们自己去实践、反思、总结、提高的机会，我们如果永远得不到锻炼，就只能永远靠外力了。这就好比一个人体质很差，一发烧就要打抗生素，其实最佳的解决之道是提升自身免疫力，越打抗生素，自身的免疫力越没有机会培养，人的身体就会越来越虚弱。只有自主增强自身的免疫力，才可能尽早摆脱对抗生素的依赖。组织越来越多的人掌握行动学习，越来越多的人参与行动学习，培养一批素质过硬的催化师，行动学习一定能够推广普及。

3. 简单、有效、可复制

简单，就是要一看就懂、一学就会，不增加学员认知负担。为什么用友大学的"世界咖啡"一看就懂、一学就会？就是因为它简单。行动学习不能靠外力推动，要靠内在的魅力。如果参与者要花很大的精力才能做行动学习，即便他认同其价值，也会因为难学而却步。用友大学每年选择一种行动学习方法在"用友干部与专家夏令营"上推广，简单是一个很重要的选择因素。有不少不错的方法因为程序稍微烦琐而被我们淘汰，简单的东西才有生命力。我们在推广行动学习的过程中，要尽量删减繁文缛节，挑出行动学习的精髓。

有效，就是要有效果，一用就灵。有效其实是一个很高的标准，在简单的基础上还要有效就更难做到了。行动学习的宗旨就是采纳更多人的意见，但多人汇谈经常遇到的麻烦是效率问题：有人是话痨，话匣子一打开就收不住；有人则很内向，不轻易表达。我印象中的多人汇谈有效率、有收获的不多。有效就是要想办法用规则、方法和工具引导、鼓励大家参与。多人汇谈不仅要追求有效，还要追求高效。"2012用友干部与专家夏令营"上采用了我们自创的"主题贴吧"形式进行行动学习，其实就是把"世界咖啡"和"团队列名"进行结合，设计的思想就是最大限度地发挥这两种方法的优势，又把各自效率不高的部分做了简化，使其操作更简单，效率更高。

  做到了简单、有效还不够，还要能够复制。可复制就是指能用在广泛的场合，哪儿用哪儿灵。"2012用友干部与专家夏令营"结束后，我们发起了全国范围内的同主题行动学习，最重要的动作之一就是制作工具包，让所有催化师拿到工具包，读完说明书就能够操作。工具包里规定的详细流程包含了所有资源文件，每一步如何操作都有详尽的说明。这样就做到了可复制，也只有这样，才能在短短一个半月达到全集团13000人的使用覆盖面。

04

第四章

五星教学，
让课堂更精彩

学习是学生主动参与的过程，老师的作用是引发学生的思考。

| 第四章 | 五星教学,让课堂更精彩

传统的教学不需要步骤,或者说只有一个步骤,那就是老师讲,讲完结束。这种做法的假设是:传授知识是课堂的唯一功能,教学就是要把知识装到学生的脑袋里。建构主义则全然不这么看,其认为学习是学生主动参与的过程,老师的作用是引发学生的思考;课堂上,学生要在老师的引导和支持下与同学们共同建构,最终对知识生成个人版本的理解。建构主义的教学理念如何在课堂上落地?我认为五星教学是建构主义教学主张付诸实践的绝佳教学框架。

五星教学是戴维·梅里尔教授综合了多种教学框架的优点而发展出来的。我与五星教学结缘十几年来,一直在实践中加深对其的理解,不断揣摩其原理及指导精神,也做了一些创造性发展。

五星教学的五个环节各有重点、难点、关键点

我写的所有与教学相关的书籍,都会浓墨重彩地讲解五星教学。梅里尔教授把教学过程分为五个步骤。第一步,聚焦问题:学生要进入解决实际问题状态,才能更加积极参与学习。第二步,激活旧知:学生已有的知识和经验是消化和吸收新知识的基础,需要

充分激活，以促进学习。第三步，论证新知：需要从多个维度，用多种形式充分论证新知识，以促进学习。第四步，应用新知：需要指导学生应用新知识并有实际效果，以促进掌握所学。第五步，融会贯通：当新知识完全融入学生的工作、生活中时，学习才得以完成。

1. 聚焦问题：知识是用来解决问题的

传统课堂不吸引学生的根本原因是老师给学员传授的是一些将来或许有用，但眼下看不到怎样才能有用的知识。学员们唯一的学习理由是考试要考，因而，他们从一开始就被动应付。学习是学员主动参与的过程，如何有效地把学员从被动应付状态调动到积极参与状态？改变知识的传授方式。

聚焦问题的核心目的还是激发学员的参与兴趣。假如学员们都是身经百战又博览群书的精英，凭什么让他们听老师的高谈阔论？如果老师只干巴巴地讲，学员们就会用已有的知识和经验来挑战老师。黔驴技穷的老师只好呼吁学员要有空杯心态。事实上，每名学员已有的知识经验只要激发好了，都是课堂上的宝贵财富。**学员的旧知识既可以是抵御新知识的抗体，也可以是消化新知识的酶，关键看老师的课堂怎么调用。**

如何让学员的旧知识成为消化新知识的酶而非抵御新知识的抗体？最好的办法是给学员们派发一个任务或提出一个问题。用旧知识解决新问题几乎是人的本能，既然学员们很厉害，就让他们把知

第四章　五星教学，让课堂更精彩

识和经验都贡献出来，让大家集思广益解决问题。等大家讨论得差不多了，问题解决得七七八八，还有些关键点没有突破时，老师再不失时机地引导大家归纳总结不同的观点，以点评的方式给出本应传授的知识。这样，学员既能感受到自己的旧知识对学习的贡献，也能体验到新知识的要妙和价值。

传统的老师备课的重心在备内容，而建构主义老师备课的重心在备问题。知识本来就是在前人解决的具体问题基础上总结抽象的普遍规律，之所以要总结抽象，就是为了方便解决类似的问题。既然知识是为解决问题而存在的，课堂就应该以问题为线索来组织，由问题的解决带出知识。因而，备课时老师要问一下自己：我讲授的内容到底能解决什么问题？如果搞清楚所讲内容能解决什么问题，授课时就可以用问题做课程大纲，用问题把课程贯穿起来，而不是把知识生硬地堆砌成课。

聚焦问题的难点在于找到恰到好处的问题。问题必须与学员的工作或生活息息相关，值得在课堂上花时间探讨；又要能让学员觉得自己有足够的知识和经验，有资格、有能力来参与探讨，解决问题；还要确保课堂所授知识能够解决这个问题，让问题恰到好处地引出知识。因此，问题必须处于有动力（值得探讨）、有能力（具备旧知）和有关系（所授内容正好解决）的交会点上。

假如你是高中生，即便最牛的老师给你讲四则运算，你也不愿意听。因为四则运算你在小学时就学会了。换一个内容，给你讲天体物理学，你多半也不会感兴趣，因为那些知识对你而言既没有基础，也没有实际价值。问题要聚焦在什么区域？既不能聚焦在学员已经掌握的知识范围内,也不能与学员现有的知识水平相差太远,要聚焦在学员最可能发展的知识区域内。这就是维果茨基讲的最近发展区域(Zone of Proximal Development,ZPD),即紧挨着学员已知区域外沿的一个带状区域。(本书第五章会对"最近发展区域"有详细阐述。)

有的课程还没有开始就注定要失败。常有人跟我讲:"田老师,情况有点变化。本来这门课是为专职老师安排的,但因为授课老师是您,我们好几个高管慕名要听,一些培训管理员和子公司的人力资源总监也想来听。学员人数增加了一倍,我们挺为难的。反正,您一只羊也是放,一群羊也是赶,要不让他们都来吧?"这种安排注定了无论老师怎么讲都会有人不满意,因为学员们的最近发展区域差异太大。董事长满意的时候,普通员工就觉得太深奥了;普通员工满意的时候,董事长则可能觉得太浅显了。

为所授内容找到一个好问题几乎是五星教学设计中最关键的任务。好的问题不但能够打开学员的认知缺口,制造学员内在的认知不和谐,激发其探索真理的好奇心,而且能引发其深度思考,使其富有热情、充满期待地参与到研讨中。

有效教学的每个环节都要全面激活学员的行为脑、情感脑和认知脑,使学员处在创造性脑力劳动状态。聚焦问题阶段的教学重点、难点和激活学员三脑参与的要点简单总结如下:

- 重点:让学员进入问题主动探索状态。
- 难点:如何提一个好问题,既要在学员的最近发展区域范围内,也要能恰到好处地激发学员的参与热情。

- 认知：问题造成学员认知不和谐，打开学员的认知缺口，激发学员的好奇心和参与意识。
- 行为：学员有类似问题场景的经历，对问题有多触点的感觉；消除学员的畏难情绪；激发学员解决问题的动机。
- 情感：场景描述能激发学员的情感共鸣，让学员感受到解决问题的必要性和迫切性，并使学员对后续课程充满期待。

2. 激活旧知：旧知是消化新知的酶

提完问题之后，激活旧知是一个很自然的过程。第一步所聚焦的问题是提取学员旧知识的线索，能够充分激活学员的大脑中跟问题相关的已有知识和经验。遇到外部挑战时，人们都会不由自主地跟自己已有的相关知识和经验进行对比，这个过程是自然的，且对学习新知识而言是不可或缺的。课堂上，无论老师有没有做出激活旧知的动作，学员都会主动激活脑海里与问题相关的旧知识。

学习知识的过程就像编织席子，已有知识的外沿相当于当前席子茬口的竹篾，新知识就是学员要编进席子里的那块竹篾，要把席子边缘的竹篾激活，才能把新的竹篾编进去。我还有一个比方：旧知识是消化新知识的酶，只有成功地激活了酶，学员才能有效消化新知识。新知识，无非是在旧知识基础上的综合、延伸、拓展和升级等。

从学习体验角度看，激活旧知环节能够让学员切实感受到自己是课堂的主人,感觉大家在群策群力地解决问题,而不是被动无趣地接收知识。激活旧知的要点是让学员在课堂上找到参与感。老师充分鼓励每名学员发言,既要肯定学员的旧知识对解决问题的贡献,也要赞赏学员积极参与的行为。每个人都渴望被欣赏,老师的当众表扬能激励更多的学员参与。当每个人的大脑都兴奋起来的时候,其发言就能够彼此激发,激荡出很多对解决问题有贡献的观点。

激活旧知环节就是建构主义所倡导的意义协商过程。对老师而言,是把课堂的控制权让渡给学员,在收集学员的知识经验碎片中悄然实现向新知识的过渡。学员们头脑风暴的点子越多越杂,论证新知环节的难度就会越大。学员们的思维方式各异,发言内容也可能五花八门。老师要根据新的知识对学员们的回答做巧妙处理:学员的回答恰是新知识的一部分,老师要给予充分的肯定;学员的回答与新知识部分一致,老师可以用点评的方式稍作转化或修饰以靠近新知识,又不能让学员觉得扭曲了他的意思;学员的回答彻底跑偏了,老师要在充分肯定其参与的前提下,做暂时忽视的处理。

除了引导,激活旧知对老师的最大挑战还有控场。课堂太安静了不行,那就像传统的课堂,学员们正襟危坐,一动不动;课堂太活跃了也不行,那就会失去焦点。老师不仅要保持场域处在"收而不死、放而不乱"的合理区间,还要保证课堂处于轻松积极的情绪状态之下。这就要求老师在与学员的互动中充分照顾学员的情绪与感受,注意自己回应学员的方式方法,还要注意在学员之间保持平衡，不偏不倚地照顾好所有学员的情绪。

激活旧知环节的教学重点、难点和激活学员三脑参与的要点简单总结如下：

- 重点：激活学员已有的知识和经验。
- 难点：激发学员的参与性、良好的控场技巧，以及恰到好处的反馈点评。
- 认知：鼓励学员用已有知识解决问题，组织学员围绕问题展开充分联想和头脑风暴，降低学员理解新知识的难度。
- 行为：以学员为中心，让学员掌控课堂；让学员自由讨论问题，而非被动地听老师传授知识。
- 情感：邀请学员参与，鼓励学员充分发表意见，让每个学员都感受到被欣赏、被尊重，有参与感和成就感。

3. 论证新知：在研讨中转移知识所有权

论证新知环节的任务就是通过多种维度论证，最终解决问题，填补学员的认知缺口，使学员重新进入认知和谐状态。有激活旧知环节的充分铺垫，论证新知会变得容易一些。因为学员相关的旧知识都被激活了，新知识也许就是在旧知识基础上加以延伸、拓展、综合罢了。这个阶段的最佳效果甚至可以是学员感觉不到新知识的新鲜。

我在面授五星教学的课堂上，让学员回忆自己授课或参与学习的课程的基本过程，把多个学员分享的教学过程加以类比、分析、综合后，逐步引导出五个步骤。当将五个步骤呈现给大家的时候，我才说这正是梅里尔教授研究了十一种教学框架后总结的赫赫有名的五星教学框架，此时绝大多数学员都不会有半点惊讶，似乎在感叹：大师总结的比我们在课堂上总结的也没高明多少。我赶紧补充说，与其说梅里尔教授总结的五星教学框架是一种发明，不如说是一种发现。尤其当我把麦克卡锡的自然教学八步法与五星教学框架进行类比之后，学员们都有大道相通的感觉。

当学员觉得大师的理论不过如此，并没有什么了不起的时候，说明激活旧知环节做得很成功，温故而知新，论证新知就变成很自然、很容易的事情了。好的老师总能潜移默化地转移知识的所有权，使学员一点都不觉得老师的理论高深，似乎感觉新知识并不是老师传授的，而是学员们相互协助、共同参悟出来的。当学员感觉自己拥有了新知识的所有权的时候，我们有理由相信，学员对新知识除了理解，还多了一份认同和喜欢。

此外，老师要用多种手段、从多个维度来论证新知。霍华德·加德纳认为，一个人只有能以多种方式来阐释知识，才可以说他很好地理解了一个概念。他在运用这个概念时才能带来令人信服的理解表现。一个人能用多种符号体系、图式和框架来表述同一知识，才算掌握了这种知识。当学习的时候能从多个维度理解和论证新知识，我们就给知识赋予了多个线索，新知识就被更加牢固地"编织"到了学员的知识体系中。

从知识提取的角度看，知识被掌握的重要标志之一就是学员能够有效提取它。如何做才能有效提取知识呢？一种办法是给它捆一条很粗的绳，这就是持续强化；另一种办法是给它捆多条绳，这就需要多个维度的论证帮助学员理解新知识。新知识和旧知识连接的维度越多，日后被提取出来的可能性就越大。当一个人能够同时运用直角坐标和极坐标证明同一定理时，我们有理由相信他对该定理的理解更深刻。据说，勾股定理有300多种证明方法，如果一个人掌握了10种以上勾股定理证明方法，那么这些证明方法不仅能帮助他加深对勾股定理的理解，还能够促进他对平面几何问题解决方法的理解和升华。

传统教学中，老师只负责知识的讲授，并不关心学员的吸收转化情况。五星教学则要求**老师不仅要把知识讲授给学员，还要帮助学员把知识转化成自己的，把新知识和旧知识整合在一起。**

论证新知环节的教学重点、难点和激活学员三脑参与的要点简单总结如下：

- 重点：多种方式推导和论证新知识。
- 难点：在研讨中转移知识所有权。
- 认知：引导学员在旧知识的基础上得出结论，实现知识所有权的转移；用多种手段、从多个维度论证新知识；与"聚焦问题"相呼应，填补认知缺口。
- 行为：必要的动作示范，邀请学员亲自体验。
- 情感：引导学员享受填补认知缺口的释然快感（恍然大悟的感觉），激发学员自主解决问题的成就感，激发学员对新知识的认同感。

4. 应用新知：建立从知到行的闭环

论证新知环节完成后，学员自然会产生"试一试"的冲动。比如，老师引导学员论证了把故事讲得生动的技巧，紧接着，就安排学员运用该技巧来讲一个故事。于是，学员就有意识地尝试用刚刚所学的技巧讲了一个故事。

学员讲完后可能有两种效果。一种是故事的感染力提高不少，学员就会受到激励，流露出满足、喜悦的情绪，这个过程叫强化练习。另一种是学员讲完后效果并不明显，就开始质疑——是老师教的技巧无效，还是我没学会？老师需要对这样的学员进行指导，找出技巧无效的原因，辅导学员再练习，直到练出效果，学员满意，这个过程叫纠偏。如果没有纠偏过程，学员试用新知识没有效果，又得不到相关指导，就会抛弃新知识。

应用新知的理想效果是促使学员的认知、行为、情感形成相互促进的正循环：理解了新知识就打算试一试，试了试新知识果然有效果，就很开心，于是决定更进一步钻研新知识，更大范围或更大胆地应用新知识，从而得到更开心的情感体验……

不妨复盘一项你个人的特长或爱好，有人喜欢打羽毛球，有人喜欢弹钢琴，有人喜欢打游戏。那么，一项特长是不是因为认知、行为、情感三者形成相互促进的良性循环，经过长时间持续的能量投入才练成的？而应用新知就是形成这个循环的重要开始，就像滚雪球时最核心的一层。

比如，我在刚当上老师时，认为某些知识有价值，就尝试给

第四章 五星教学，让课堂更精彩

人讲，没想到收获了热烈的掌声和诚挚的感谢，这激励我钻研更多有价值的知识，更踊跃地讲课，当然又收获了更热烈的掌声，得到了更积极的情感体验……逐渐就形成了正循环。实际上，学员对老师的认同是老师持续促进"认知—行为—情感"正循环的需要。老师教授学员知识的同时，也在持续修炼自己的讲课水平。甚至有时候，老师比学员更需要讲台，上课是老师自我建构的必要环节。老师帮助学员建构知识框架的同时，学员也在帮助老师持续改进教学方法和升级课程。我对五星教学框架不断升华的理解，也是从我自己的教学实践中不断总结提炼得来的。

针对理论性很强或者不好展开练习的知识，以及不方便当堂展开练习的知识，有一种应用新知的替代练习方法，即在课堂上引导学员把所学的知识与其过往的经历建立连接。我经常说，如果学员不能把老师所授的知识和自己过往的经历连接上，基本上可以断定在未来的工作和生活中，他也不会去应用所学的知识。

在应用新知环节，老师要给学员提供及时和足够的指导，解决学员在尝试过程中遇到的困难，纠正其在应用过程中的偏差，鼓励学员取得的点滴进步，逐渐放手让学员独立去干，让学员在实践中逐渐找到可以掌控的快感。同时，注意洞察学员内心"认知—行为—情感"的闭环形成。闭环一旦形成，学员就被送上了持续应用强化知识的轨道，对知识技能的掌握和应用就有了自驱力。俗话讲，师傅领进门，修行在个人。要想纯熟地掌握任何一种技能，都必须靠学员的自驱力来实现。

在应用新知的高级阶段，老师还要逐渐增加练习的强度和难度，促进学员去解决变式问题。比如打乒乓球，最初教练发球总会把球送到固定的位置，让学员练习杀球。慢慢地，教练故意让发过来的球比原来的位置高一点或低一点，发球速度快一点或慢一点，激励学员灵活运用所学技能接球。当学员能够顺利应对各种花样的发球时，我们有理由相信其掌握的程度更高了。

应用新知环节的教学重点、难点和激活学员三脑参与的要点简单总结如下：

- 重点：辅导学员运用知识和解决问题。
- 难点：及时恰当地反馈和纠偏，根据问题再给知识。
- 认知：引导学员有意识地练习和应用新知识；帮助学员解决问题，消除其应用困惑。
- 行为：指导学员应用行为细节，引导学员把新知识与经验相连接，持续强化练习、变式练习。
- 情感：鼓励支持，放大学员成就感；消除学员的困惑，使其恢复信心；促使"认知—行为—情感"正循环的形成。

5. 融会贯通：实现新知识和旧知识的融合

五星教学的最后一个环节叫融会贯通，这是学习完成的状态。学员彻底掌握新知识的标志是把新知识和旧知识完全整合在一起，分辨不清什么是新知识、什么是旧知识。新司机都是念着口诀倒库、移库的，因为他在应用新知识；而老司机全凭感觉和行为惯性，你若问他停车的动作要领，他反倒要想半天。

第四章 五星教学，让课堂更精彩

我认为，**融会贯通完成的标志是自动应用或灵活应用**。自动应用就是学员能够做到潜意识反应，达到"无意识、有能力"的状态。灵活应用则是能够掌握知识的深层结构，做到举一反三。达到融会贯通需要一个比较漫长的过程。

融会贯通的策略我总结了八个字：深度思考，野蛮关联。

深度思考是向上打通的办法，遇到情境总要努力地将其与理论关联。当我们找到情境与理论的深层联系的时候，理论框架就得到升华，反过来，升华了的理论能很好地指导新的实践。我把这种能力称为"重新定义的能力"。二十多年来，我对领导力、行动学习、课程开发、教学等多个领域都进行过不下十次的重新定义。我还说，穷途末路的时候就是重新定义的时候。每一次重新定义带来的都是专业水平的巨大进步，因为只有遇到旧框架解释不了的问题，才会诱发人探索新的解释框架，而解释框架的升级必然带动决策框架、处置框架和感知框架的升级，框架升级本身又是觉察框架的重要职责。

野蛮关联则是向下打通的方法。每当学到一些新的理论，我就会努力将其与各种可能用上的情境进行关联。我常说：只有一个人所学的知识和自己熟知的情境、过往的经历和经验关联起来，知识才可能用得上。实际上，我们每个人已经懂得的知识几乎足够应对遇到的各种挑战，问题在于：当我们遇到具体挑战的时候，挑战本身占据了我们绝大多数注意力，以至于在挑战的当口我们抽不出精力调取适合的知识来应对它。解决这个问题的关键在于，学习的时候就要对知识进行野蛮关联，对知识每多一个野蛮关联，遇到真实情境时我们提取恰当知识的可能性就越大。所谓"养兵千日，用兵一时"，野蛮关联就是闲时练兵，为的是打仗的时候从容不迫。

课堂上要完全实现融会贯通不太容易。课程最后的全班大讨论、学生个人版本理解的相互交换、共同解决疑难杂症、对知识内涵的不断拔高、对应用方式的头脑风暴等安排，都是课堂上可以做的融会贯通动作。

我对五星教学的理解也是在实践中融会贯通的。最初是看了介绍五星教学法的书，然后就大胆应用。遇到困难的时候有两种办法：一种是继续钻研别的教育学、心理学著作来补位，另一种是凭自己的感觉和想象做创新。实践完了再复盘，分析哪些措施在教学中是有效的、哪些措施是需要改进的。就这样不断领悟、创新、改进、实践，逐步逼近融会贯通的境界。

融会贯通环节的教学重点、难点和激活学员三脑参与的要点简单总结如下：

- 重点：引导学员深度思考、野蛮关联。
- 难点：激发学员的创造性思维。
- 认知：课堂上引导学员做各种连接，组织学员分享自己的连接，学员相互激发提高领悟水平；要求学员课后复盘并持续钻研，追求增量的认知。
- 行为：课堂上多跟工作经历与过往实践相联系，持续增量地实践。
- 情感：课堂上让学员相互启发，促成顿悟；增量的认知与行为带来增量的情感体验。

| 第四章　五星教学，让课堂更精彩

轻松化传统教学为五星教学

传统的课程是 PPT 的堆砌，老师在授课中只管讲解 PPT，学员能否听懂不是老师关心的事情。对习惯了说教模式的老师而言，初用五星教学会有诸多不适。如何轻松地实现从传统教学到五星教学的过渡？2011 年一次特别的授课经历，逼我把原本准备好的说教模式临时改造成五星教学模式，给我颇多启发。

1. 逼出来的五星教学

我们在深圳举办过人力资源总监和企业大学校长沙龙，主题是"用友大学办学经验分享"，我是主讲。与会者多数是大牌企业的人力资源总监和企业大学校长，多数人所在的企业营收和影响力都比用友集团大。我是早上坐头班飞机飞深圳的，直接从机场赶往会场。一到会场就感觉到异样，会场外有一块巨大的广告牌，上面有一张我的巨幅照片——我第一次看见自己的照片被放那么大，还有两行大字：用友大学校长田俊国亲临深圳为 HR 同仁介绍用友大学办学经验。连我自己走过那块广告牌都有点不好意思。

一进教室，我就感觉氛围果然有点不对劲。来宾们派头都很大，很多人两手交叉在胸前，摆出一副挑战的架势，好像在说：我倒要看看你用友大学究竟有多牛。敏锐的直觉告诉我，面对处于评判状态的学员讲什么都没用，如果我还按照既定的安排讲我的 PPT，无论讲得多精彩，他们都有四个字等着我：不过如此。经过 20 分钟的思索，我临时决定改变我的策略，先不讲内容，而用行动学习的方式推进整个沙龙。

我把所有来宾分成六组，每组八人，后方还有若干旁听的。一开场，我就说："在座的各位在百忙之中拨冗听我的讲座，一定都是带着问题来的吧？"来宾们用肢体语言告诉我：他们显然是带着问题来的，甚至说他们的问题就是如何把我钉在墙上。我继续说："所以，请每个人用即时贴写三个你最想在今天下午解决的问题。"他们写完后，我要求每组讨论产生最能代表本小组的六个问题，六组共产生了36个问题。我又让大家把这些问题贴到黑板上，合并同类项。之后给每人三次投票机会，全班投票选出最关心的六个问题。

半小时后，集体选出六个问题。我一看那六个问题，心中一阵窃喜，全是我PPT里原本要讲的内容。假如我把PPT的顺序打乱，按问题的顺序讲也是完全可以的，但我转念一想，还是不能这样，来宾们的抵制心理没有消除，我讲得再好，他们还是四个字等着我：不过如此。于是，我说："我现在的身份是催化师，我们用行动学习的方式集体探讨这六个问题的答案，也顺便让大家在体验中掌握一种行动学习工具——世界咖啡。"征得大家的同意后，我把六个问题分配给六个小组，每个小组各自认领一个问题，用世界咖啡的研讨方式做了六轮探讨。讨论花了两个多小时，他们讨论很热烈，交流得很愉快。然后我组织各组组长轮流汇报。汇报完已经过了三个小时了，我对原本要讲的内容还只字未提。

这时候我问大家："参与了一下午的研讨，听完六个组长的汇

第四章 五星教学，让课堂更精彩

报，你们觉得今天下午有没有收获？这个沙龙值不值得参加？"现场异口同声地高喊："简直是太有收获了！"那气势简直能掀翻屋顶。紧接着我问："那我有个问题要请教大家，我明天还要到南宁开同样的沙龙，可不可以上来就说，昨天在深圳我们已经做了一个同样主题的沙龙，我与五六十位业界大腕一起探讨了一个下午，挖掘出组织能力提升的六大问题，每个问题又研讨出如此这般的解决方案。我把今天大家研讨的成果讲给他们，可以吗？"来宾们都摇头说可能不行。我又紧接着问怎么做才行。前排有一位女士皱着眉头，用很小的声音说："恐怕还得再这么折腾一遍。"我说："对，请你大声对大家说。"那位女士拿着话筒大声说："用同样的方式再折腾一遍！"是的，你的点滴收获都是你自己折腾的结果，即便我有现成的答案，你不折腾我硬塞给你，你也会不以为然。

当我想就此收场时，有来宾说："田校长，你的广告牌既然打的介绍用友大学办学经验，总不能对你们的办学经验只字不提吧？"于是，我用大概40分钟的时间简单分享了一下我原本准备讲三个小时的PPT，大家都听得极其认真。

第二天，在飞往南宁的飞机上，我依然久久不能平静，我在想：教学中真的存在一种既轻松又效果好的模式。以前靠老师干讲的方式是蛮干。经过对这次教学的多次复盘，我发现所有的课程都可以改用微行动学习的方式进行。

实际上，说教模式与五星教学模式花费的时间差不多，效果却有天壤之别。直接把问题抛给学员，学员们研讨完汇报，老师会发现自己原本要讲的内容学员大部分已经汇报过了，因此只需要把自己讲的内容做一个概括总结，重点强调、补充般地讲授就可以了。与传统说教不同的是，学员的理解程度提升了，参与度增强了，老师也轻松了。我把这种方式戏称为"学员负责画龙，老师负责点睛"。传统的方式教学，学员感觉到知识都是老师教的，自己既没有成就感，也与知识没有感情，还不能把新知识与自己的旧知识和实践进行结合。而运用五星教学方式，学员会感觉到知识都是自己探讨出来的，过程中有自己的脑力贡献。聪明的老师，总能做到在研讨中转移知识的所有权！

基于此次经历，我总结出把传统的以讲授为主的课程改为研讨式课堂，并做了总结：**把课程大纲变为问题，把讲的过程变为学员互动，把原来要讲的内容变为点评**。倘若点评完再做一个练习，就做到四星了。练习完，再来一段师生互动，帮助学员拔高一下，就算是融会贯通了。

2. 从说教模式到五星教学

如何把传统的说教模式改造成为五星教学模式？为了解决这个问题，我在五星教学课堂与学员有这样一段互动——

老师：假如时间不允许，五星教学的要求里你必须删掉一个，你会删掉哪个？

学员：融会贯通，因为这一点不好在课堂上体现，需要学员课

第四章　五星教学，让课堂更精彩

后慢慢做。

老师：假如时间还是不允许，五星只能剩三星，还要删掉一个，你会删掉哪一个？

学员：应用新知，这一点在课堂上不练习了。

老师：如果还要删掉一个呢？

学员：只能删除激活旧知了。

老师：如果还要删去一个呢？

学员：那就只能删掉聚焦问题，直接论证新知。

老师：只剩下论证新知就还原成传统的授受式教学了。

把上面的问话过程返回去，我们不难发现，在传统授受式教学的基础上加点东西，就接近五星教学了。比如给要讲的内容加一个问题，让学员先聚焦问题，问题自然能引发学员讨论，激活旧知，最后老师再把原来直接讲的新知识拿出来，一下子就有了五星教学的感觉。受此启发，我曾经要求用友大学全体专职老师：我们没有资格直接给学员新知识，至少要做到给新知识配一个问题，让学员讨论一会儿再给新知识。在不抛出问题的情况下给学员新知识，简直是不礼貌的行为、蛮干的行为、不懂教育的外行行为。因为学员没有经过消化，即使很有价值的东西也变得没有用了。知识要在学员的大脑里"折腾"一番才能成为学员自己的。学员折腾了，有切身体会了，才算完成自我认识的建构。

如果原来的课程有100页要讲解的PPT，假定全是新知识，改造成五星教学模式，恐怕要再加几十页问题，还要加一些应用新知的练习。通常情况下，老师总觉得上课的信息量不够，实际的问题恰恰是信息量太多。不管老师讲了多少，学员学会的才算数。讲得太多，学员消化不了，就完全变成了负担。

实战中常见的问题及对策

五星教学的理念看上去不复杂，实际操作起来却没那么容易。我在讲授五星教学时，有一个翻转课堂的过程，也就是指导学员们运用五星教学完成一个单元的教学，学员们在各式各样的观摩中体味五星教学的真谛。下面，我通过对实践中常见问题的剖析，进一步阐述五星教学的重点和难点。

1. 头没起好，全程跑调

聚焦问题是五星教学的开头，良好的开端是成功的一半，蹩脚的开端却是灾难的开始。问题没设计好，很容易把学员们的思维带偏，导致其答非所问，老师再控场干涉既消耗精力，又浪费时间。所以，我经常说：课堂上老师的大多数尴尬都是自找的。比如，有老师用五星教学法给招聘专员讲授招聘技巧中的 STAR 面试法[①]，他

[①] STAR 面试法是企业招聘面试过程中可采用的技巧，借以对应聘者做出全面而客观的评价。其中，"STAR" 是 situation（背景）、task（任务）、action（行动）和 result（结果）四个英文单词的首字母组合。——编者注

| 第四章 | 五星教学，让课堂更精彩

聚焦的问题是："你在面试工作中遇到哪些挑战？"可想而知，学员的回答五花八门，怎么也靠不到 STAR 上去。互动半天实在没效果，老师干脆把记录学员互动内容的白板一翻，回到传统的模式开始讲 STAR 提问技巧了。前面的聚焦问题和激活旧知岂不白白浪费时间了？倘若把问题聚焦为：你在面试中如何发问来考察应聘者的能力？学员们的回答就会靠谱得多。

五星教学就像合唱一样，开头把调子起高了，全程都会跑调。问题既不能太大——大了学员的回答会离题太远，老师的控场难度就大了；也不能太小——小了学员的回答只是新知识的一小部分，论证新知时难免还要说教。同时，问题不能太难太抽象，切忌在问题中包含着抽象概念，比如："什么是量子力学？"这根本不能用于教学中的聚焦问题。聚焦问题实际上分两小步：一是交代背景，二是提出问题。也不能太简单而不能引发学员思考。有老师问学员："西红柿炒鸡蛋这道菜有哪些原材料？"表面上看这也是聚焦问题，但没有学员愿意回答。为什么呢？纯粹为了互动而提出一个答案尽人皆知的问题，起不到激发学员思考、吸引学员注意力的作用。学员不回答吧，是不配合老师，显得情商太低；可是若回答连三岁小孩都知道答案的问题，明显被"侮辱了智商"。

实战中我一般会准备两个问题，一个正选，一个备用。课堂上我先抛出正选问题与学员讨论，感受学员的回答是否与我设计的底牌一致。如果有明显的不一致，我会说："看来大家的思维有点偏，我干脆换一种方式问大家吧。"抛出备用问题。如果学员对备用问题的回答与我的底牌一致，问题就解决了。如果还有较大的差异呢？我就干脆不再提问了，倒退到传统的教学："我提这个问题的目的是想阐述这么一个道理……"进行正常讲述。这样至少不浪费时间，等下课后我再认真复盘，分析我的问题为什么没有正确引导学员的思维，问题应该如何优化。我经常说，好问题实际上是在课堂上淘出来的。闭门造车地编问题，常会遭遇到意想不到的尴尬，因此，要在课堂上开发课程。问题不在真实的课堂上见光，你永远不知道学员会有什么异常反应。

2. 野蛮引导，不如说教

老师抛出问题后，就把课堂的主导权让渡给了学员，由学员群策群力探索答案。这个环节中，老师扮演的一个角色是学员们的秘书，负责书面记录学员们的发言要点；另一个角色是向导，向导是去过目的地的（知道底牌），要有意识地突出学员们贡献的与底牌一致的观点，适当转化、修饰、翻译学员们贡献的与底牌部分一致的观点，还要用恰当的方式把明显不靠谱的观点屏蔽在外且不伤害学员参与讨论的积极性。

五星教学的精髓是在研讨中转移知识的所有权，让学员感觉到新知识并不高深，是在老师的指导下和同学们集体探讨出来的。当学员感觉新知识是他们集体探索出来的时候，他们就不仅掌握了知识，还增强了自信心。一切收获都是折腾所得，没被折腾过的知识很快就会被学员忘掉。

这个环节最见老师的引导功底。易犯的错误有两种。其一，引导学员进行头脑风暴，得出了很多观点，在论证新知的时候却对学员的观点置之不理，跟没讨论过一样，只顾论述自己的新知识。学员有被耍了的感觉：敢情刚才的互动就是逗我们玩？所以，判断是真五星教学还是假五星教学的关键，就是看新知识是老师告知的还是在学员们贡献的观点的基础上归纳、总结、升华出来的。其二，有的老师很清楚自己的底牌。无论学员贡献的观点是什么样的，他都会野蛮地转化成自己的底牌写在白板上。学员暗自思忖：你写的是我说的吗？如果让学员感受到老师有强加民意的意思，他们参与的积极性就会被大大挫伤。对此，我有一个学员做了一个生动的比喻，她说："五星教学不就是胡同赶羊吗？老师的底牌好比胡同，学员贡献的观点好比一群羊，无论学员贡献了多少只羊，总能被赶到老师准备的胡同里。关键是要赶得自然，不能硬赶。"老师硬往胡同里赶羊，对学员的参与热情打击很大，甚至会破坏课堂轻松活跃的氛围。

建构主张认为，知识要在学员心里长出来，是学员自己建构的，而非老师硬塞给学员的。强加民意地野蛮引导，还不如传统地说教。

3. 身大头小，还是说教

还有一种情况，就是老师聚焦问题了，激活旧知也做得蛮好的，到了论证新知环节，老师旁征博引，延伸的内容远远超过当初聚焦的问题。假如一堂课聚焦问题5分钟，激活旧知10分钟，论证新知90分钟，就像一个人有巨大的身体却有很小的脑袋一样，整体很不协调。这样的课程在形式上是五星教学的，实际上绝大部分内容还是以说教的方式给出的。

有人会问：我要讲授的知识本来就很大块，时间少了确实讲不完，怎么办？实际上，老师没必要一次把知识讲完讲透，重要的不是老师讲多少，而是学生接受到多少。传统的教学好比拿高压枪给茶碗里注水，茶碗里永远都只有一碗底的水，而且压强越大，茶碗里的水越少。教学更应该像喝功夫茶，边品边喝，不能急功近利。

在实践中，我采取的策略是，在论证新知有些东西有意不讲透，不是我不能讲透，而是考虑到学员的接受能力。先给学员大块知识框架，然后布置一个运用知识框架来完成的作业，进入应用新知环节。学员们开始带着知识框架去完成作业，在细节上必然遭遇很多挑战。如果某些挑战恰是因为缺少某种知识所致，那么，老师又可以把应用新知过程中碰到的典型问题作为新一轮聚焦问题的命题，调动学员们群策群力，激活旧知来解决，然后老师在论证新知的时候再讲与这部分相关的知识，于是五星教学的各环节就像俄罗斯套娃那样层层嵌套起来。

老师把知识传授给学员的方式有三种：第一种是平铺直叙地讲述，第二种是回答学员的问题，第三种是点评学员的作业。第一种效果最差，后两种效果好很多。学员因用知识完成任务时遇到挑战而向老师请教，这是老师传授知识的绝佳机会——回答学员的问题，学员还能不听吗？即便学员没有问题，就谈完成作业过程中的收获与感受，老师也可以借点评的机会指出学员做得符合知识点的地方，并分享能使其做得更好的知识——点评学员的作业，学员能不听吗？聪明的老师会动脑筋降低平铺直叙的比例，代之以回答问题和点评作业。

4. 练无反馈，效果不保

学员有意识地、充满期待地应用刚刚学来的知识完成既定任务时，受挫的概率非常高。应用新知没有得到预期的效果时，学员很少主动反思自己的不足，更可能会甩锅给知识或老师，认为知识没用，老师不会教。在五星教学的应用新知环节，老师的任务就是为学员提供必要的支持、指导、反馈和纠正，帮助学员对知识形成"认知—行为—情感"的闭环。倘若教学中没有这些反馈动作，学员的学习不能形成"认知—行为—情感"的闭环，课堂的教学效果也不能保障。

学员事实上的学习过程是：遇到问题—认识升级—完成任务—得到反馈—反思改进—再完成任务—再得到反馈……缺乏及时和有效的反馈是造成无效学习的主要原因，反馈在学习中的作用远远比我们想象的要大。老师不但要在实战课堂上，在学员应用新知解决问题的过程中，巡视检查，及时指导、反馈、纠正，而且要在练习结束后，在全班范围内展开公开而广泛的讨论，让学员分享他们的感受。倘若学员的练习效果很好，老师要及时鼓励，加深这种很有成就的感觉；倘若遇到问题，老师要当堂指导支持，促其再次练习，直到有效果。聪明的学员会踊跃提问和分享，老师对学员问题的回答和作业的点评，本质上都是对其精准赋能。

面授课堂的意义在于当面折腾，课程就是折腾的脚本，课堂是折腾的靶场。人们在失败的经历中会学习更多。学员对适当遭遇挫折，纠正后再掌握的技能会记得更牢固。这一点让我想起早年讲授"企业全面经营沙盘"课程，我发现，那些在企业模拟经营中取得很好成绩的学员，总结发言时常常志得意满，浮于表面；而那些经营不太好甚至把自己的企业搞倒闭的学员，在总结发言时很深刻、很全面、很真切。

老师给学员的反馈是一种外反馈。外反馈的作用是激发学员反思。知识技能被彻底掌握的标志是学员不再需要外反馈，他自己能主动收集反馈，复盘反思，持续改进。聪明的人会自己设计反馈机制来督促自己的改变。

吃透五星教学的五大思想精髓

我向来主张"探赜索隐，穷神知化"。**对任何工具都要深度探索其背后的道，才能在实践中做到灵活运用而不被工具"绑架"**。五星教学的精髓要义是什么？五星教学到底比说教模式好在哪里？为什么会取得这么好的效果？其实前文也提到过，五星教学的思想精髓可以总结为：五星教学就是要用一套行之有效的教学框架，把传统课堂的说教模式转化为问题导向的师生探讨模式，用机制保障教学在对话中进行，从而最大限度地降低学员的认知负荷，提高吸收转化率，使学员知其然也知其所以然，使老师能够在教学中学习，真正达到教学相长的效果。

1. 变知识推送式为问题探讨式

传统的教学是推式的，老师想当然地认为自己的知识和技能很有价值，要推给学员。我认为，老师不可以一厢情愿地给学员一堆将来可能有用的知识，并以为学员能够在未来的场景中能用到这些知识，这种平淡如水的教法违背人类的认知规律，挫伤学员的学习兴趣。不是知识没用，而是老师传授知识的方式错了。我在课堂上经常强调：作为老师，你没有资格在不提问的情况下，塞给学员一堆知识。

取而代之的应该是以 how（行动）带 what（知识）的形式。知识是用来解决问题的，传授知识的方式应该是以知识所解决的问题为切入点。五星教学就是用聚焦问题的方式，把传统的推送知识模式转化为师生共同解决问题的探讨模式。解决问题的知识需要恰逢其时地给予，学员自然学得会。

2. 用框架保障学习在对话中进行

五星教学每进行一步都意味着课堂的主导权转移，从而保障学习过程在对话中进行。首先，聚焦问题是老师主导的，老师要抛出问题，激发学员参与和思考。老师尽管不容易控制学员思维的过程和方式，但至少可以通过聚焦问题引导学员思考的方向和内容。其次，旧知识是学员消化新知识的酶，激活旧知就是把球抛给学员，让学员充分回忆自己跟问题相关的旧知识。在这个过程中，学员们要充分发言，集思广益，甚至激荡起很多不同的主张和方案，分析种种可能。再次，论证新知又将主动权还到老师手里。等学员们充分讨论、深度思考后，老师综合学员们的论述，论证新知识的科学性，在学员大脑中完成理性的建构。其实新知识往往是在旧知识基础上的桥接、延伸、整合。复次，应用新知又轮到学员动作了，要让学员自己动手，亲自验证一下新知识。在这个环节中，学员是有意识应用新知识的，所以老师要及时辅导和纠正。当学员正确运用、取得成效后，新知识的"威力"会给学员很大的激励，促使其再次应用。最后，融会贯通，这往往是一个漫长的过程，主要看学员的持续应用和改造，要求达到对知识运用自如的状态。所以，好的课堂，师生之间犹如拍花巴掌，"你拍一，我拍一"地交互进行，任何不交互的活动，时间长了都会让参与者感到索然无味。

3. 降低学员认知负荷，提高吸收转化率

课堂上最常见的现象是老师讲得津津有味，学员们却眉头紧锁，满脸疑惑。显然，课堂效果受限于学员大脑的加工能力。无论老师自认为解析得多么清楚，交代得多么仔细，学员的接受和消化能力始终是影响学习效果的关键。重要的不是老师讲了什么或做了什么，而是在学员的脑海里发生了什么。五星教学是一种适当减少信息输入量，当堂帮学员完成知识转化的教学设计。凡是老师主导的环节都可以理解为信息输入环节，凡是学员主导的环节都是吸收转化环节。

传统教学中老师只管信息输入，吸收转化是学员自己的事。学员在思维跟不上趟的时候，很容易产生消极情绪。情绪是影响学习效果的重要因素之一。无论老师是否照顾学员的情绪，都不可否认学员的情绪实实在在地在课堂上，积极情绪是学习的推力，消极情绪是学习的阻力。学员因认知负荷太大而引发消极情绪是传统教学的死穴，对此我曾评价道："不顾他人感受地讲道理是低情商的表现。"五星教学的结构安排，既均衡了学员学习过程中吸收和转化两大动作的比例，也兼顾到认知活动和体验活动的比例，避免学员产生负面情绪。

4. 使学员知其然，也知其所以然

几乎所有的知识都是在解决实际问题的基础上抽象升华而来的。传授知识时，老师如果贪图省事而直接把前人的结论灌输到学员的脑海里，后果是学员脑袋里装了很多知识，却知其然而不知其所以然，他们可以把知识当谈资，却不会运用知识解决实际问题。

五星教学以问题为牵引，把整个教学过程变成师生共同解决问题的过程。这样的教学方式能让学员更深刻、更有体会地学到知识，更有利于培养学员解决问题的能力。请问，你所拥有的知识

中，有多大比例是自己探索来的？多大比例是老师塞进去的？这个比例又意味着什么？

老子说："吾言甚易知，甚易行。天下莫能知，莫能行。"意思是：我讲的道理非常容易理解，也很容易做到，可惜天下人就是不能理解，不能做到。为什么呢？老子分析了原委："言有宗，事有君。夫唯无知，是以不我知。"每句话都有它的根源，每件事都有它背后的主宰，人们因为不了解这些根源和主宰，所以不能理解这些道理。

5. 使老师能够教学相长

有很多老师以自己的课程多年不改变为荣，甚至标榜自己的课程做到了高度标准化。如果一位老师的课程标准到这种程度，那完全可以由机器人来授课了！如果教学过程完全是老师灌输，老师固然轻松，课堂上不会有任何挑战，也意味着不会有任何改变；学员则全程处在被动应付状态，大脑不会处于创造性脑力劳动状态。如此，何以做到教学相长？

无论是老师还是学员，最重要的都是把理论和实践紧密结合，而这种教学模式，迫使老师用自己的理论帮助学员解决实际问题，又让学员通过实际项目体验了理论指导的威力。老师收获了案例，学员收获了有价值的知识，这种真正的教学相长只会在解决实际问题的课堂上出现。

我坚持认为，学员、老师、课程都是不断成长的有机体，课堂正是这三者之间互动的场域。一个良性的互动,三者都有成长,学员收获了知识和技能,老师提高了授课技能并不断把所传授的内容和学员现状进行匹配,在每次授课的过程中持续汲取新的素材并演化出新的课程版本。这三者的良性循环是老师成为大师级老师的依托,是课程成为精品课程的必要工序,是让学员听课收益最大化的途径。

三浪教学比五星教学更易操作

深挖了五星教学的要义,反倒可以不拘泥于五星教学的外在形式而创造性地发挥。长时间的摸索之后,我发展出一套"三浪教学",更符合我的要求——简单、有效、可复制,又完全体现了五星教学的思想精髓,且更容易在国内教学现状基础上推广。

1. 简单易行而功效不减的三浪教学

三浪教学把一个教学单元分成三段进行,我称之为"三浪"。

(1) 第一浪:老师讲解,目的是向学员输入知识

第一浪通常也是从问题开始的。老师在抛出问题后简单和学员们互动一下,介绍课程的观点并加以论述。这跟传统的说教模式并没有太大的区别,因而比较容易和当前的教学方式接轨。老师要把

握两个度：第一，持续抓住学员的注意力；第二，认知负荷适度。一般的时间控制在 30 分钟到 1 个小时。

（2）第二浪：学员研讨，目的是帮学员转化

第一浪老师讲解的过程中，学员的脑海里已经激活了很多旧知识，也做了一些关联。同样的信息输入，在不同的脑袋里有可能产生完全不同的反应，其实这些反应都是学员的初步转化。第二浪安排小组讨论，走"3153"流程，让每一位学员都把自己的反应分享出来，可以是感想、经验、旧知识，也可以是困惑问题。大家把想法进行交换，就是意义协商的过程：把新知识和自己已有的知识、经验充分关联，再把自己的关联分享出去，激发同伴更深层次的关联。当小组形成共识后，组长指定一个发言人准备发言。

（3）第三浪：师生讨论，目的是集体升华

每个小组派发言人陈述本小组第二浪研讨的结论，也可以提出问题，老师给予点评或回答问题。老师可以借点评和回答问题的机会把第一浪没来得及讲的内容讲出来。假如学员提的问题超出老师的准备范畴，老师也可以现场引导全班学员进行公开而广泛的讨论。有价值的问题像磁铁一样，把全班学员的关联碎片都吸引在一起，有机整合起来，促成全班学员的理解升华。第三浪常常把师生共同拖出舒适区，所有人在一个友好的氛围下畅谈，会有很多意想不到的收获。

我经常在课堂上进入心流状态，无论学员提出什么问题，我只

要开个头，相关的知识和经验就会脱口而出，有时连我自己都惊讶这堂课怎么产生了这么多有价值的顿悟。当课堂的能量充分流动起来后，你会发现大家既敢畅所欲言，也能尊重差异。当然，学员也有观点的碰撞，但不同意见的学员都会照顾对方的感受，自觉维护这种良好的氛围。

三浪教学照样实现了问题导向的事实研讨式课堂，保证了学习在对话中进行，最大限度地降低了学员的认知负荷，提升了学员的吸收转化率和学习体验，在研讨中转移了知识的所有权，使学员知其然也知其所以然，做到了教学相长。

2. 三浪教学能够持续抓住学员的注意力

以一个 90 分钟的课堂为例，头 40 分钟是第一浪，趁学员精力最好的时候，老师先讲授部分内容，到了一定时候，倘若再讲下去，学员的注意力开始衰减，讲授效果的边际效应递减，学员就该开小差了。这时候开始第二浪，不失时机地把课堂的主导权交给学员，让学员们研讨。研讨时间可以安排 20 分钟左右，最长可以到半小时。时间要是再长，学员们把该说的话都说完了，难免偏离主题，研讨的边际效应又该递减了。最后 30 分钟进行第三浪，师生互动，老师以点评和回答问题的方式讲一些高阶理论，帮学员升华。

三浪教学与著名教育心理学家梅耶提出的 SOI 学习理念非常吻合。梅耶指出，学习分为三个阶段：S 是选择（select），学生会选择性地吸收老师输入的知识；O 是组织（organize），学生把自己接收到的知识跟已有的知识、经验建立联系，组织在一起；I是整合（integrate），学生把新知识整合到自己的认知系统中，完成一个完整的学习过程。从大脑机能而言，S阶段是靠感觉联合中枢形成感觉记忆，O阶段是在工作记忆区进行思维加工，I阶段则是把新知识整合到长期记忆中。SOI恰好走完一个"感觉记忆—思维加工—整合存储"的认知过程。如图4-1所示，三浪教学的三浪与SOI的三个阶段几乎可以一一对应。

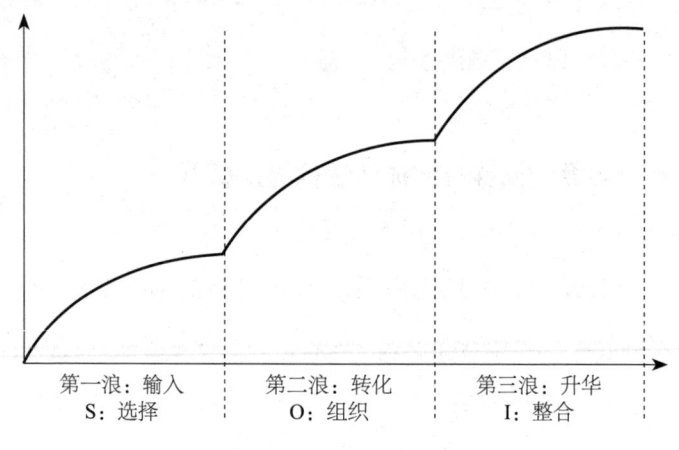

图 4-1　三浪教学与 SOI

3. 前三浪与后三浪

三浪教学无非是把五星教学的前三星合并为第一浪，第二浪相当于应用新知，第三浪相当于融会贯通。也可以这样理解：第一浪相当于老师自己的聚焦问题、激活旧知和论证新知的综合；第二浪更像学员的激活旧知、论证新知和应用新知的综合；第三浪则是融会贯通。两种理解都有道理，关键要看是什么样的教学任务。三浪教学还有一个巨大的好处是，可以根据教学内容的不同灵活调整。在实践中，我又把三浪教学分为"前三浪"与"后三浪"。

（1）前三浪

前三浪是为理解而教，适合知识类教学。第一浪中老师提出问题并简单论证；第二浪交给学员充分激活旧知，并组织不同个人版本的理解在社会环境下进行交叉迭代；第三浪则是不同小组理解版本的交叉迭代，同时老师再次引导升华，使学员们达到更高境界的理解。前三浪教学的主要目的是完成学员的认知整合，使学员在课堂上完成自己的建构，形成个人版本的理解。

（2）后三浪

后三浪是为应用而教，适合技能和态度类教学。技能教学的第一浪的重心是讲述动作要领；第二浪是学员互帮对练，生成个人版本的套路；第三浪则更像是老师的反馈和纠正。态度类教学的第一浪是老师表明态度立场并附着个人情感进行表达展示；第二浪是在社会环境中激发学员为态度立场附着上个人的情感经历并进行交叉迭代，形成小范围内的情感共鸣，社会心理学称之为"社会同化"；第三浪是在老师的引导下，形成更大范围内的情感共鸣。后三浪教学主要的目的是让某种认知能付诸行为或情感，适应从知到行的整合。

前三浪和后三浪恰似把五星教学以论证新知环节为轴做了个对

折。前三浪更像是论证新知、激活旧知、聚焦问题（老师引导下升华，升华的知识的最根本点）的组合；后三浪更像是论证新知、应用新知、融会贯通的组合。有效教学背后的原理都是一样的：问题为导向，对话中进行；认知有体验，教学能相长。

05

第五章

课程开发,
精雕细琢精品课

课程开发不是一次性工程,而要在实战课堂的基础上持续迭代,止于至善。

| 第五章 | 课程开发，精雕细琢精品课

用建构主义教学主张和五星教学框架审视课程开发，不难发现，传统的课程开发几乎就是内容的堆砌，备课的主要任务就是准备要讲的内容。实际上，比内容更重要的是设计学员的吸收转化策略。课程究竟要实现什么样的教学目标？不同类型的内容该用什么样的教学策略？如何用五星教学这一过程框架教授不同类型的教学内容？用什么样的形式给学员留下深刻的学习体验？用什么样的结构组织统合不同部分？这些都是课程开发中必须解决好的问题。因此，课程开发不是一次性工程，而要在实战课堂的基础上持续迭代，止于至善。

课程开发是典型的病构问题

课程开发过程可以理解为一个病构问题的解决过程。在这里，我们把理想状态和现有状态之间的差距称为"问题"，病构问题就是问题的现有状态（起点）、理想状态（终点）都比较模糊，过程也存在多种选择的问题。解决病构问题，首先要定义起点和终点。课程开发要解决的是如何让学员发生改变的问题，需要定义通过课程的学习，让学员从什么样的起点状态变成什么样的终点状态；再确定教授什么样的内容、用什么样的形式教授、经过什么样的

过程帮助学员逐步从起点状态逼近终点状态。

1. 定义起点：学员的最近发展区域

建构主义认为，学员用已有的知识来消化新的知识。所以，要教学员新知识，先要分析学员现有的水平。

苏联教育学家维果茨基提出了"最近发展区域"概念。他认为：教育对学生的发展能起到主导作用和促进作用，但需要确定学生发展的两种水平，一种是已经达到的发展水平，另一种是学生可能达到的发展水平——学生不能独立地完成，在他人帮助下，通过学习模仿，能够完成这些任务。这两种水平之间的区域，就是最近发展区域。因此，培训的内容要在学员的最近发展区域范围内，学员才容易理解、接受和模仿。

假如某人已经掌握的知识集合是一个圆，圆周外的知识是其还没有掌握的知识，已知知识的圆越大，其周长也越长，他能感觉到的自己没掌握的知识也越多，这就是"学然后知不足"的道理。学员要学习的新知识最好在其已有知识圆的近外围（见图 5-1），这样学员才便于找到新知识和旧知识的联系，从而顺利地把新知识编制到自己已有的知识体系之中。如果所授的新知识远离学员旧知识的圆圈，不管新知识多么有价值，学员接受起来都有困难，而这种困难太大的话，学员干脆就失去了学习的兴趣。适合学员水平的课程才是好课程。不考虑学员现状，闭门造车的课程，或者一门课程打遍天下，肯定不会是什么好课程。

第五章 课程开发，精雕细琢精品课

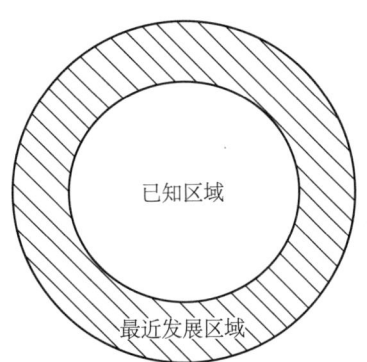

图 5-1 学员的最近发展区域

如果学员的最近发展区域各不相同，那么，不是有人觉得讨论内容太小儿科而不屑参与，就是有人觉得讨论内容太高深而参与不进去。建构主义认为小组或大组讨论的过程就是意义协商的过程，学员不但在乎学什么，而且在乎跟谁一起学。老师就为难了，顾此失彼，很难让大家都满意。

课程开发，就要通过对几个典型的学员代表做调研，了解学员的最近发展区域，形成一个平均水平的最近发展区域，作为课程开始前学员的起点状态。

2. 定义终点：确定课程的表现型目标

在传统课程中，描述目标最常见的句式是"了解……""理解……""掌握……"，请问，这样表述的目标如何检查？什么叫"了解"？什么叫"理解"？什么叫"掌握"？根本没办法检查。这样的课程实际上又暗含着一个假设，那就是老师讲到了，就认为学员了解了；老师论证了，就认为学员理解了；老师演示或带领大家练习了，就认为学员掌握了，而事实绝非如此。

课程目标究竟应该如何表述呢？这就要从学习的本质说起。百度百科对学习的定义是：学习是通过阅读、听讲、思考、研究、实践等途径获得知识和技能的过程，是一种使个体可以得到持续变化的行为方式。也就是说，可度量的稳定的行为变化是学习的结果。看学员的具体行为表现是最直接的学习效果评估方法，这就叫作"表现型目标"。

表现型目标要求课程目标应该表述成让学员学习后有什么样的行为表现。比如，学员态度有什么变化，能够完成什么任务、解决什么问题、陈述什么知识等。从解决病构问题的角度看，表现型目标实际上是对理想状态，亦即教学结果框架的描述。结果框架聚焦在学员的具体行为表现上，教学就有了极强的针对性，最后的效果评估也有了依据。

以一门对象是销售客户经理的客户拜访培训课程为例。传统的课程目标也许会被设置成：了解或掌握客户拜访的流程和方法。如果是表现型目标，则应该表述为：用客户拜访的流程和方法当堂做角色演练。目标的精准确定和表现性的表述，会影响课堂上的教学活动：课堂的内容必须有所取舍，老师必须在表现型目标的实现上下功夫，学员必须进行客户拜访的角色扮演，课堂评价也要围绕表现型目标当堂进行。以前一堂课下来，80%的时间是老师在灌输，要是设为表现型目标，老师灌输的比例太高，表现型目标就无从实现，也没法考核了。

本杰明·布鲁姆的教育目标分类体系对不同教学内容的教学评

| 第五章 | 课程开发,精雕细琢精品课

估,就是按学员行为来分类的。美国另一位教育家豪恩斯坦甚至把表现型目标和传统的课程目标的表述做了对照,图5-2是一个简单有效的转化工具。

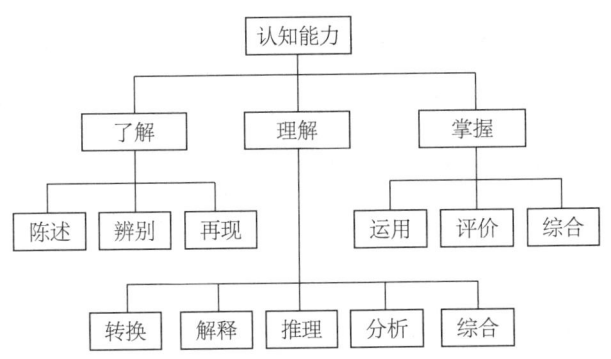

图 5-2 表现型目标和传统的课程目标的表述对照

举例来说,在针对基层经理的招聘技巧的课程中,课程的目标有一条:让学员掌握招聘面试的STAR面试法。如何将其改成表现型目标?转化成表现型目标,可以用的词有"评价"和"解决",显然套用"解决"比较合适,即让学员用STAR面试法"解决"一个面试难题。表现型目标可以表述为:用STAR面试法做一个招聘演练。这样,课堂就必须安排演练了,可以抽几组模拟面试,紧接着老师向全班学员提问:"刚才他们的演练中是否采用了STAR面试法?是不是完整的STAR?其中S是什么?T是什么?A、R又是什么?"引导大家检验和检查。再如,在"课程开发"课堂上,我对"表现型目标"这一单元的表现型目标定义为:学员能够运用表现型目标的知识,把传统的教学目标转化为表现型目标。这样的目

标就逼老师在课程中加入目标转化的练习，还要分组汇报，全班评价，老师点评纠正。

顺便提一下，表现型目标的不足是容易把课堂变得很功利。我一直强调在课堂上滋养学员心灵。课堂上，**传授知识技能的部分是教学，滋养心灵的部分才是教育**。滋养心灵的部分，尽管不容易当堂呈现出效果，却非常重要。歌德说：我的知识和观点你很容易得到，我的体验和心灵却只属于我。罗伯特·麦基说：理智的分析无论多么清晰，都不可能滋养人们的灵魂。

孟子说："我善养吾浩然之气。"浩然之气怎么养？浩然之气需要长时间在正能量状态下浸泡而成。所有老师必须意识到，自己在传授知识的同时还肩负着滋养学生心灵的任务，这也是老师这个职业受社会尊重的原因。

在实践中，我还提出另一种目标：成长型目标。表现型目标是外在的、易测量的，成长型目标则是内在的、不易测量的。不好测量的并非不重要。表现型目标通过有意识地思考学习实现，**成长型目标则通过潜意识地感受学习实现，潜意识学习和意识学习是如影随形的关系**。学高为师，学问通过分析—理解的方式传递；身正为范，心灵通过体验—感受的方式习得。

根据教学内容，确定教学策略

如果说表现型目标是菜单上展示的菜品效果图，那么，教学内

| 第五章 | 课程开发，精雕细琢精品课

容就好比各类食材，不同的食材要用不同的烹饪方式。布鲁姆教育目标分类理论把教学内容分为三种类型：知识、技能、态度。为什么这么分？最直接的原因是大脑加工这三种内容的方式完全不同，反应的脑区各不相同，因而，教学策略也要有所区别。

1. 对知识、技能、态度的再认识

教授知识、技能、态度的目的都是促人改变，而改变背后的"三驾马车"是不变的。我以为，探索知识、技能、态度和三脑（认知脑、行为脑、情感脑）的关系，实际上就是探索教学内容与大脑机能的对应关系。经过多年的不懈努力，我终于发展出个人版本的对知识、技能、态度的理解。我的理解尽管未必能得到广泛的认同，却实实在在地能够使教学变得更简单、更有效。

我认为，知识就是人类高级抽象思维的产物，完全是认知脑的机能。现代认知心理学也探明，知识以语义网络的形式储存在大脑皮层的左前额叶。技能则是认知脑和行为脑合作的结果，能够付诸行为的知识称为技能，也可以说技能是带有套路的行为，只有带套路的行为才是可以复制的。大猩猩的动作比人还敏捷，可是大猩猩为什么学不会开车？问题不是出在行为上，而是出在套路上，大猩猩的认知脑不足以理解和掌握开车的套路。赵括打仗为什么是纸上谈兵？因为他不具备把知识付诸实践的能力。所以，技能可以分解为知识部分和行为部分，知识部分是认知脑掌握的关于怎么做的显性知识，行为部分则是由行为脑控制的一些能力，后者并不像前者

那样可以直接展示，是隐性能力。态度是认知付诸情感而成的，或者说是附着了浓厚情感的认知，是认知脑和情感脑的组合反应。凡是态度，背后必有情感因素。当情感附着了很多的时候，道理反而就不重要了。《大学》有言："人莫知其子之恶，莫知其苗之硕。"为什么呢？浓厚的情感因素影响了认知判断。

2. 知识习得：从概念到灵活运用

知识是基于经验的主观建构，与具体应用场景做了剥离，以概念的形式存在，是抽象思维的产物。抽象的概念只是原则性、方向性和指导性的，并不能直接用于解决问题。而教学的目的就是要让学员在抽象的概念中获得生动的体验。学员要主动将外部输入的知识与自己已有的知识、经验进行整合，从而形成个人版本的理解。因此，教学的任务就不是简单粗暴地把知识塞到学员的大脑里，而是引导、协助学员完成属于自己的认知整合，帮助学员形成个人版本的理解。

也就是说，知识教学的第一个阶段目标是为理解而教，帮助学员结合自己的旧知识生成个人版本的理解。豪恩斯坦把掌握知识的程度分为五个层级：概念、领会、应用、评价、综合。所谓"领会"，就是心领神会地结合旧知识，形成个人版本的理解，我称之为"认知整合"。

知识教学的第二阶段则需要应用知识解决问题，学习的目的是应用。应用的关键是把理论与实践相结合的过程。学富五车却不能解决具体问题，根源在于把理论与实践结合起来的能力不足。评价也是知识的应用,即应用知识评价某种现象、作品等。综合则是把所学知识作为一种成分整合到更复杂的场景中去,过程中少不了学员的适应性改造和创造性发挥。

综上所述,知识教学第一阶段为理解而教,第二阶段为应用而教;第一阶段是认知脑学习,第二阶段是认知脑用习得的知识指导行为脑和情感脑做出正确的反应。

3. 技能习得:从模仿到自动化

技能教学分为知识部分和行为部分,知识部分的教学策略和知识教学完全一样。豪恩斯坦把掌握技能的程度分为五个层级:知觉、模仿、生成、外化、精熟。知觉是学员接受并初步理解老师动作要领的阶段,模仿是学员有意识地跟随老师的动作来领悟老师套路的阶段,生成是学员逐步迭代发展出自己的套路阶段,外化是可重复的动作展示阶段,精熟是达到自动反应的阶段。

技能学习的第一步就是知识学习,学员要有意识地把老师教的套路翻译成个人版本的套路。我在"抖音"上看着视频学写毛笔字,视频上的老师边讲要领边演示,我跟着描了很多遍却还是写得乱七八糟。为什么?有句话说,没有人是根据说明书学会骑自行车的。老师讲的动作要领是老师自己版本的套路,我必须把老师版本的套路转化成自己版本的套路,才能给我的身体发出正确的指令。

技能学习的第二步是用自己版本的套路教自己的行为脑学习,即有意识地指导在自己体内的"熊"学习。有意思的是,学员的

"熊"只能听他的指令,所以学员必须把老师的操作指令转化成自己的操作指令,才能有效指挥自己的熊学习。学员有意识地向老师学套路的同时,潜意识也在模仿老师的动作,意识学习和潜意识学习同时进行。其间学员会根据结果反复迭代修正自己的套路指令,直到套路版本稳定。

技能学习的第三步是用稳定版本的套路让"熊"通过大量反复的练习最终自动完成动作,即完全脱离套路,在无意识状态自动做出反应。

复杂技能还要分成若干个成分技能,每一个成分技能都得走同样的过程,最后整合在一起形成完整的技能。美国佛罗里达州立大学心理学教授安德斯·艾利克森专门研究专业技能的获得过程。他发现,在某一个领域精熟的人,不管是小提琴家、外科医生还是运动员,其学习方法都异于常人。他们将活动分解为细小的动作。比如,连续数小时在雨中练习同一种击球动作,不断重复。每一次,他们都做微小的——几乎难以觉察的调整,逐步改进。一段时间只刻意练习一个成分技能的好处有两点。其一,大脑工作记忆区的负担不大,能保证足够的注意力投入。其二,动作改进和效果之间的因果关系很直接,便于根据效果调整动作。每一个细微的动作都要经过反复练习后才能逐渐形成肌肉记忆,自动完成。

4. 态度习得:从接受到性格化

相应地,态度教学也分知识部分和情感部分。知识部分的习得过程与前述知识习得过程并无二致。豪恩斯坦把掌握态度的程度

第五章 课程开发，精雕细琢精品课

也分为五个层级：接受、反应、价值化、信奉、性格化。接受和反应实际上更多的是认知过程，指学员接受某种立场，且有一定认同反应。我个人喜欢把这两个词换成"理解""认同"，理解是纯认知过程，认同就有了个人倾向。到价值化阶段就附着了较多的情绪能量，情绪的反应模式就是得则喜、失则悲。价值判断是认知脑的事，价值反应则是情绪表现。有了屡试不爽的价值体验会逐渐发展到信奉的程度，屡屡付诸实践后形成自动反应，即性格化。同样，到了性格化阶段之后，最初的认知理由反倒不重要了。态度和技能的习得都有一个从上脑到下脑、从大脑的高级机能复制到低级机能、从意识反应到潜意识反应的过程。

在态度形成的过程中，认知和情感是相互影响的。《中庸》说："自诚明，谓之性，自明诚，谓之教，诚则明矣，明则诚矣。"诚指的是情感，明指的是认知。"自诚明"，因为喜欢，所以慢慢成为专家，"谓之性"，天性使然。"自明诚"，因为懂得，所以我喜欢它，"谓之教"，这是教育的结果。二者可以相互促进，故而"诚则明矣，明则诚矣。"

态度教学的关键是促成学员把态度的认知部分，即立场与学员自身的情感经历进行关联，从而附着上强烈的情绪。感情可以通过营造氛围、相互感染、触景生情地触发。态度教学的难点就是要让学员处在情绪状态，再多的道理也不能替代真情实感的触发。《白毛女》为什么能引发共鸣？就是当时的观众把白毛女的遭遇和自己饱受欺压的遭遇关联在一起，从而激发了强烈的情绪。

5. 殊途而同归

再用认知、行为、情感三种最基本的能量分析一下三种不同教学内容的教学策略，会发现一些更深层次的规律。三者的前半段大致相同，即为知识教学的第一阶段：为理解而教。不同的是后半段，知识教学的后半段是为应用而教。前文提到，掌握知识的程度分为五个层级：概念、领会、应用、评价、综合。概念和领会显然是认知脑的工作；应用环节偏重付诸行动；评价环节不仅有认知，还附着个人的价值观和情感；综合则实现了认知、行为、情感三种能量的整合。技能掌握程度的五个层级中，知觉显然是认知过程；模仿要付诸行动，开始整合行为能量；生成是学员的主动结合和创造过程，少不了积极的情感体验；外化则需付诸行动，根据感觉收集反馈并迭代套路，在这一层级，行为、情感、认知能量都参与了；到了精熟阶段，一定是三种能量的完美结合。态度掌握程度的五个层级中，接受是认知过程，意思是道理上想通了；反应或认同则是情绪反应；价值化更离不开情绪；屡败屡试、反复应用才能达到信奉的程度；最后的性格化也是三种能量完美整合的结果。由此可见，尽管三种不同性质的内容在教学中的进阶过程不同，但要达到最高水平的掌握，则需要实现认知、行为、情感三种能量的完美整合（见图5-3）。

值得一提的是，认知脑是人类独有的高级机能的大脑生理基础，主要负责知识的学习，学习风格是分析—理解型的，可以通过看书、网络等方式学习，我称之为"脱机"工作。行为脑、情感

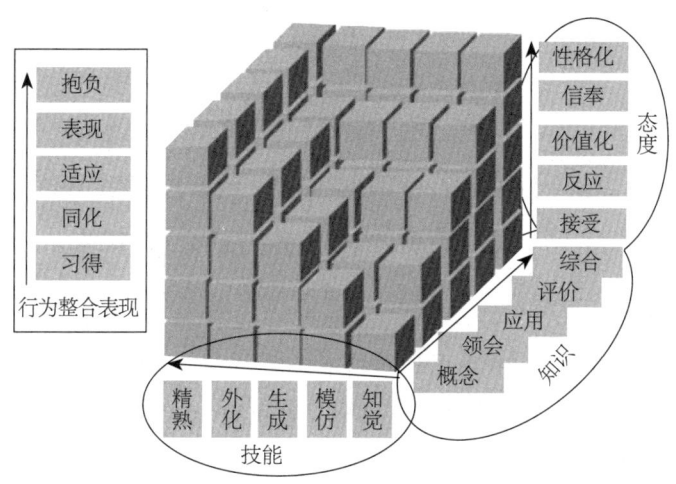

图 5-3 学习后学员行为的整合表现（改编自豪恩斯坦）

脑则要靠人和灵长类动物都有的大脑的低级机能实实在在地表现出来，且各自都具备无意识的学习能力，能够通过模仿和感受的方式自主学习。复杂点的技能和高级的情感反应（态度）则必须先有认知过程，再由学员自己通过大量刻意练习或情感附着实现功能转移，从有意识反应转为无意识的自动反应，从而提高反应效率，释放认知脑的意识与思维资源。技能和态度掌握的标志都是无意识的自动反应，其认知过程都可以理解为一种手段或者过渡，教学术语称为"支架"。

用五星教学框架设计教学过程

到此为止，我们已经认识到：课程开发解决的是病构问题，所以要先定义起点（学员的最近发展区域）和终点（表现型目标）。学员的最近发展区域是对学员当前水平、状态的衡量。表现型目标即对课程完成后学员应有变化的效果描述，也称之为"课程的成果框架"，如菜单上菜品的效果图。接着，我们讨论到不同性质的内容要有不同的教学策略，就像不同的食材要有不同的做法一样。接下来我们就该研究用什么样的工艺流程来逐步实现既定的教学目标了，这就是教学过程设计。

表现型目标是教学结果框架，五星教学是典型的教学过程框架。解决任何问题，如果能准确定义出要达成的效果，又确定用什么样的过程去实现该效果，每个具体的动作就能被精准地锁定在结果和过程交织的格子里，既知道它属于哪个环节，又清楚它为哪个结果而活动。这就是我偏好双框架的原因，我把它归纳为：双框架制造绝杀。接下来，我们就一起探讨如何把知识、技能、态度三种不同性质的教学内容装在五星教学这一过程框架中。

1. 知识：先消化吸收，再探讨应用

知识类的五星教学，前三星为理解而教，后两星为应用而教。理解的标志是学员能结合自己已有的知识经验，用自己的语言陈述知识的要领；应用的标志是学员能够把知识用恰当的方式运用到适合的场景。举例来说，数学里的无理数是个典型的概念性知识，五星教学过程可以做如下设计。

| 第五章 | 课程开发，精雕细琢精品课

（1）聚焦问题

老师可以这样引入：

大家都知道古希腊著名数学家毕达哥拉斯，就是证明勾股定理的那位。他是当时大名鼎鼎的数学家，他认为，宇宙的一切事物的度量都可用整数或分数来表示。

后来他的一名学生希伯斯问他："边长为1的正方形，对角线的长是多少？如果用分数表示，是几分之几？"

（2）激活旧知

很显然，对角线的长度是介乎1与2之间的数，但到底是几分之几呢？老师可以激励学员试着回答。头脑里没有建立起无理数概念的学员的最近发展区域和当年那些人的最近发展区域是一样的，故此，可以让学员置身于当年的情境，让学员来探索答案。

当时毕达哥拉斯思考了很久都不能用分数表达$\sqrt{2}$，却又不甘承认，否则他的理论体系就会崩塌，权威受到挑战。这让他忐忑不安，他干脆下令封锁消息，勒令希伯斯不再研究此事。希伯斯非常痛苦，他认为$\sqrt{2}$是客观存在的，老师的理论无法解释，说明有漏洞。后来，他不顾一切地将自己的发现和看法传扬了出去，引起了轰动。毕达哥拉斯恼羞成怒，决定处置"叛徒"希伯斯。希伯斯听到风声后连夜乘船逃走，却被毕达哥拉斯派来的杀手在海上堵截杀死，抛尸海底。希伯斯为$\sqrt{2}$的诞生献出了自己的生命。

（3）论证新知

老师可以引导学员推导论证：

假如$\sqrt{2}$能够用分数表示，即：$\sqrt{2} = \frac{m}{n}$，且 m 和 n 最多只有一个是偶数，如果同是偶数的话可以约分。那么，两边同乘 n，再平方，得：$2n^2 = m^2$。左边 $2n^2$ 必是偶数。看来要使等式成立，只能假设 m 是偶数、n 为奇数了。假设 $m = 2k$，代入上面的等式：$2n^2 = (2k)^2$，等式两边除以 2 得：$n^2 = 2k^2$。右边又是 2 的倍数，要使等式成立，n 只能是偶数。与开始假设的 n 为奇数矛盾，看来不存在这样的数。

从此诞生了一种新的数：既不是整数，又不能用分数表示的数，叫作无理数。

这时候才引入新的概念。概念是高级抽象思维的结果，永远在不得不引入时才引入。老师没有资格在不陪学员探索问题的情况下为学员抛出抽象的概念。

（4）应用新知

无理数的概念得出之后，老师可以引领大家讨论$\sqrt{3}$、$\sqrt{5}$、π、e 等无理数。甚至可以让学员尝试画图，画一条长度为$\sqrt{5}$的线段。比如一个直角三角形，两条直角边分别为 2 和 1，斜边就是$\sqrt{5}$。

（5）融会贯通

老师可以引导学员讨论证明$\sqrt{2}$不能用分数表达的证明过程用的

第五章 课程开发，精雕细琢精品课

是反证法；讨论希伯斯为追求真理而挑战权威的精神；讨论毕达哥拉斯为了捍卫自己的权威不惜掩盖真理，残杀生命的愚昧；也可以讨论科学永远是向前发展的，任何阻止其发展的努力都是徒劳的。

如果学员用这样的过程习得无理数的概念，那么，他们会**不仅知道概念本身，还知其根源；不仅知道了概念，还学到了重要的数学思维方式；不仅解决了问题，还激发了学习数学的兴趣；不仅学到了知识，还滋养了勇于探索求真的精神。**

请问，有多少人心目中无理数的概念是老师灌进去的？又有多少人心目中无理数的概念是在老师的带领下共同探索来的？

2. 技能：先生成套路，再强化巩固

技能是能够付诸行动的知识，是由关于 how（套路）的知识和一组可以表现出来的行动组成的。技能学习的重点是让学员内在生成自己版本的套路，通过大量的刻意练习教自己内在的"熊"无意识地自动反应。其关键恰恰是帮助学员生成自己的套路并付诸行动。技能培训效果不佳的重要原因是"学"和"习"脱节，简单地把技能知识化，以"学"代"习"——老师以为把套路介绍给学员就万事大吉了，实际上"习"才是技能学习的重心。有道是：行动才是学习，知识仅仅是学习前的必要准备。如何运用五星教学框架进行技能教学，我分享一个课例。

我主持开发过一门销售技巧课程，表现型目标是：课程结束后，学员能够运用课程所学知识和工具评价销售项目的进展与质

量，制定恰当的销售策略，并根据客户的反馈持续评价项目进展与质量，修订销售策略。该课程以案例贯穿始终，模拟了一个大项目销售过程中的两个竞争对手之间的博弈，让学员在课堂上模拟竞标。我们把项目的对抗分为四个阶段，每个阶段都给出一个场景：由学员制定销售策略，进行汇报，之后老师点评；再给学员新一轮场景，学员应用上一轮老师点评所输入的新知识和自己讨论出的新一轮的策略，再次汇报，以此类推。这是一个典型的五星教学嵌套。

（1）聚焦问题

每个小组各自扮演一家供应商，小组间是竞争关系，都想让客户采用自己的解决方案。每个单元的聚焦问题实际上是分配一个具体的任务：每个单元介绍完项目基础信息和最新变化之后，各个小组制定进一步的销售策略和行动计划。因为模拟项目非常逼真，小组间又是现场对抗，加上销售员大多争胜心强，大家的参与度极高。

（2）激活旧知

激活旧知在小组内进行。各小组群策群力，制定赢得客户的销售策略和行动计划。小组内的学员们激烈讨论，屡屡有人分享说模拟项目与自己经历的某项目类似，大家都根据自己的销售经验给模拟项目的推进出主意、想办法。尽管其间难免产生很大的争议，但学员们能在这个过程中相互学习。最后，各小组拿出达成共识的销售策略和行动计划，面向全班进行汇报。

（3）论证新知

老师通过对各个小组作业的点评，把制定销售策略和行动计划的核心要点给学员讲解。当然也可以安排小组间互评，老师还可以交叉类比不同小组的策略——当看到竞争对手的策略时，通过相互对比，大家都能判断出哪种策略更合适。比较后，老师可以综合各组发言再做一些升华（其实也是下一阶段要用的知识）：项目进展的信息、判断客户反馈状态和支持程度的指标与工具、制定策略的一般原则等。

（4）应用新知

接下来，主导权再次交给学员，各小组运用刚刚所学的知识、工具、原则，进行下一轮的销售策略和行动计划的制定。在这次研讨中，学员们根据刚才老师点评的新知识，有意识地按套路分享，也会主动运用新知识评估其他同学的分享是否可行。之后各小组再次分享汇报各自的销售策略和行动计划，老师再次点评、交叉类比，给出更深层次的知识、工具和原则等。整个课程就这样用"给任务—研讨—汇报—点评（给新知识）—再给任务—再研讨—再汇报—再点评"的方式，以任务为线索串联起来，逐步让学员运用套路制定策略和计划，在实战中体悟和掌握套路。

表现型目标不是靠答卷检验的，而是在每次小组汇报过程中检验的。课程内容不是由销售知识和工具组织起来的，而是以问题为线索组织起来的。

（5）融会贯通

融会贯通就是要让学员更深层次地理解所学，更广泛地应用所学，即前文所述的"深度思考，野蛮关联"。课程结束前，老师还可以做进一步的升华讲解，也可以再安排一些时间让学员们分享学习收获对自己手上在进行的项目有何帮助，工作中应该做什么样的具体改变，如何更加灵活、更加广泛地运用所学知识，等等。

3. 态度：先明确立场，再附着情感

态度类教学运用五星教学法的策略是：前三星促成学员理解并认同态度的立场，而重心和区别都在后两星，要营造足够轻松可信任的环境，激发每名学员内心的真情实感，进而形成能够相互感染情绪的社会环境，在认知与情感的交叉迭代中完成学员的情感附着。积极而持久的态度改变需要认知和情感这两种能量相互交织，切忌把态度当成知识讲，任凭你三寸不烂之舌讲得再通透，也替代不了情感体验。

2012年我主持开发了一门精品课程"幸福在哪里"，这门课程跟《商业评论》合作搞了几期论坛，也在北京、上海、深圳等地做了分享。整个课程的设计严格采用五星教学的方法，培训效果非常好。

幸福本来就是一个很主观的概念，每个人幸福与否，自己说了算。人人羡慕的成功人士也有自己的烦恼，幸福实在如人饮水，冷暖自知。想象一下，如果靠传统灌输的方式喋喋不休地给学员讲幸

|第五章| **课程开发,精雕细琢精品课**

福的概念,会是什么效果?

以下介绍的是用五星教学框架讲解的过程设计。

(1)聚焦问题

简单开场后,我安排了一个叫"幸福故事会"的研讨环节,让学员们轮流分享最近自己感觉很幸福的某个时刻。并告诉大家,收集足够多的幸福碎片,就一定能找到隐藏在幸福背后的共同规律,从而把幸福变成一种能力,能主动把握幸福,把不幸转化成幸福。

(2)激活旧知

学员们先在小组内分享,然后每小组选出一个最好的故事,让其分享者上讲台分享。过程中放着舒缓的背景音乐,学员们逐渐敞开心扉,分享他们的幸福时刻:有人说自己每天给父母打电话时很幸福;有人说早高峰连续多趟挤不上地铁,正在门口努力之际,门里伸出一只友好的胳膊拉了他一把,让他一天都感觉很幸福;有人说见到儿子的进步而感到幸福……很快,一种幸福祥和的正能量弥漫了全场。不少分享幸福时刻的学员都流下了感动的眼泪,场内自然出现了相互拥抱和喊口号相互鼓励的情境。最初动情的多是女士,到后来甚至四十多岁看起来像大老板的男士也禁不住哭了。他分享说:"我感受到最幸福的时刻是有一天下大雨,我开车在路上,突然接到我儿子的一个电话。他说:'老爸,外面雨很大,你开车慢点!'我听完这句话,内心的幸福感喷薄而出,眼泪就流下来了。我把车停到路边哭了半个小时,等雨小了才慢慢开车回家……"等情绪平静下来，他分享了为什么一个看似平常的电话能引发他如此强烈的情绪。

原来，在孩子小学三年级的时候，他离婚了，孩子判给了他，后来他再婚了。此后这孩子就成了"问题孩子"：在学校不好好学习，打架斗殴；回到家里一脸冷漠，对谁都爱搭不理，动辄就发很大的脾气离家出走。放暑假了，孩子也不愿意待在家，他和孩子商量，给孩子报了一个国学修养夏令营。没想到，学了三个星期，孩子居然懂得感恩了，主动打电话关心老爸。这让他太意外了，能不激动吗？能不感到幸福吗？

（3）论证新知

等每组学员都分享完，全班学员都沉浸在一种幸福状态时，我带领大家回归理性，交叉类比分析这些让人感到幸福的时刻有什么共性特征。最后，大家共同归纳出幸福的公式：幸福＝快乐＋有意义。这正是哈佛大学幸福课导师泰勒·本–沙哈尔多年研究的结论。然后，我让所有学员回过头来用幸福公式检验自己分享的幸福时刻是否满足幸福的两大关键要素。

（4）应用新知

给每组布置作业，要求每人先分享一个最近遇到的让自己不爽的冲突，尝试用幸福的工具对其加工改造：假如这样的事情再次发生，你怎么应对才能消除烦恼，让自己感受好一点，提高幸福指数？可以两人一组做练习，我巡回观察，个别辅导。练习结束后，我在全班范围内随机采访大家在练习中的最大感悟和困惑。

（5）融会贯通

安排一个大讨论，让学员们结合自己的生活实际，用自己的语言谈谈对幸福的理解，以及幸福的理念和工具还能用到什么场景中。比如在工作沟通、亲密关系、亲子教育中如何运用。还可以把话题延伸到如何用幸福的理念和工具让自己的朋友更幸福，等等。

形式创新无极限，结构梳理有基模

根据成果框架筛选内容，不同性质的内容采用不同的教学策略，再将其装入五星教学过程框架中，按说课程开发工作就大功告成了。且慢，还有两个重要的工作要做。我一再强调，学员是带着自己的全脑来到课堂的，对其认知、行为、情感三脑都要照顾好了，学习效果才会更好。好的课程不仅要有好的内容，更要有好的形式、好的逻辑结构将其组织起来，不但道理通透，而且体验深刻，才能促成学员改变。接下来讨论用什么样的形式才能给学员深刻的体验，用什么样的结构才能把内容贯穿得井然有序。

1. 好形式的五要素

教育就是让人们在概念中获得直接体验的过程。教育工作者未必要像科研工作者那样以发展出自己独特的理论为傲，而应该以生动演绎理论，让学员体验到理论的神奇为荣。理论通常很枯燥，其演绎的形式却可以层出不穷，这就为教育工作者留下了无限的创新空间。课堂形式的创新无极限。学员用认知脑以分析理解的方式理解理论，用行为脑和情感脑以参与体验的方式感受形式。学员很容易忘记课程的具体内容，却很难忘怀一堂好课给他的美好感受。

我在课程开发课堂上讲授"形式"这一单元的基本套路是：

先聚焦问题，让学员分组分享一堂曾经参与过的令自己印象深刻的课，并初步分析那堂课为什么会有这样的效果。等学员们分享完了，我会邀请每个小组的最佳分享者面向全班分享。在这个过程中，我当记录员，把每个小组分享的梗概记录在白板上。随后，引导大家分析每堂课：老师采取什么与众不同的方式才有这样好的效果？比起平铺直叙的课堂，那堂课有什么特别的安排造成了效果的不同？这样反复提问，最终引导学员总结归纳出好形式的要素。

这也是我的课堂的一种范式，每堂课引导出来的要素不尽相同，但意思相差不大。下面介绍一下在我的课堂上最新总结的好形式的五大要素。

（1）参与

好的形式要能调动学员参与。态度类教学要让学员在参与中产生移情，形成情感共鸣。技能类教学则需要学员亲自上阵，坐在副驾驶位置上永远学不会开车。比如策略销售训练营就要让学员模拟

第五章 课程开发,精雕细琢精品课

打单,有身临其境的感觉。参与就是要让学员自己折腾,真知灼见都是自己在折腾中体悟到的。有时候,人是不撞南墙不回头的,课堂上就要设计陷阱,让学员撞南墙,再引导其反思、领悟。

教育的真谛就是让人们从死的概念中获得活的体验,如果没有很好的体验,受教育的人也不会有深刻的反思和总结。企业经营管理沙盘的课程我讲过很多场,这门课程最成功的设计就在于它模拟了一个真实的企业,计划、采购、生产、研发、库存、财务等各部门都形象化地展示出来,每个小组就是一个企业的领导班子,每一个决策都涉及各方利益的均衡,甚至关乎企业的兴衰;让CEO带领大家持续经营六年,看谁能笑到最后。等学员们遇到疑惑的时候,老师再把企业经营管理的理念不失时机地以点评的方式讲出来,学员就会很有感觉。

(2)破框

好的形式不循规蹈矩,敢于打破既定框架。被某种信念限制是人们抗拒改变的原因之一,而破框就是出人意料地打破常规认知框架,引发学员内在的认知不和谐,认知不和谐又会引发焦虑情绪,继而激发学员探寻原因和解决问题的热情。破框主要指突破经验和认知的疆界,看到了黑天鹅般"意料之外,情理之中"的不同,从而促使认知突破,认知改变带动行为改变。

从注意力的角度看,我们的意识对循规蹈矩的事情分配了更少的注意力,而更愿意把注意力投放在新鲜、意外的事情上。故此,吸引更多注意力的策略是走出脚本。脚本是认知心理学中的一个隐喻，是指人们对一个事件的默认的流程和印象。比如，一提到生日宴会，我们自然就会想起吹蜡烛、切蛋糕的场景；一提到结婚，我们就会联想到迎亲、拜堂、喝喜酒的场景。这些常识性的流程在人们心目中的刻板印象，谓之脚本。而走出脚本要一反常态，与众不同。电影《非诚勿扰》里的离婚也办仪式、给活人开追悼会，就是典型的走出脚本。走出脚本才能最大限度地吸引大众的注意力，吸引其参与进来。

（3）获得

学习意味着要改变原有的思维、行为或情感模式。人们在放弃娴熟的旧模式而适应新模式过程中的挫败感在所难免。好的形式要给学员成就感和获得感，比如突然发现自己某方面的潜力，也在某个以前没有涉足的方面获得成功。爱德华·李·桑代克的效果律告诉我们：当一个人的行为产生积极的效果时，就会激励其更加积极地投入参与。当然，在经历过挫折、付出过努力之后，获得的成就感会更强烈。在学习过程中，始终要让学员学习进步的获得感略大于挫败感。

好的课程要像设计游戏一样设计重重惊喜，学员每取得一点进步就要有一定的回报，要用成就感和获得感牢牢抓住学员。当然，有的课堂互动规则过于复杂，老师要求又很严苛，学员还没尝到驾驭的乐趣，就被复杂的规则和老师严苛的要求挫伤了积极性。我的课堂常采用让发言者得分的形式，但凡有人发言，就会根据其发言质量给其所在的小组加分。

（4）荣耀

如果说惊喜是个体成长的内在获得的话，那么荣耀可以理解为一种社会反馈，代表外在认同。荣耀是一种在社会环境中才会有的情感反应。好的形式要吸引更多的人参与，独乐乐不如众乐乐嘛。学员们共同形成一个小的社会环境，有竞争，也有合作。人人都渴望被认同、被欣赏，有人表现突出就可以获得某种荣耀。

表现突出、对全班学习有特别贡献的学员应该得到更多的荣耀。我的课堂上经常给那些提出好问题或做了好分享的贡献者特别的激励，给那些经验丰富又学识渊博的精英学员足够的荣耀，让他们成为课堂上的第二、第三老师。

要注意，荣耀是稀缺品，是学员的贡献所得，是特殊地位的象征，宁缺毋滥。有的老师为了讨好学员，奖励和赞誉泛滥，反倒会使那些真正有品又有料的学员不屑于参与。

（5）连接

连接的含义有三个。

其一，形式要与内容连接，要有关联。形式必须服务于内容。我见过不少课堂，活动玩得很嗨，结束就翻篇了，老师也没什么点评，跟接下来要讲的内容也没太大关系。我问老师为什么安排这个游戏，老师说："这个游戏简直是太好玩了。"与内容相关是大前提，好玩是小前提，不能舍本逐末。

其二，形式能够引发学员某方面的思考，使学员能主动与自己的经历、处境相联系。要用学员亲历的感受激发其思考，促进其认知的改变。好老师不但要把功夫用在道理的讲解上，而且要花精力让学员从概念中获得体验。

其三，好的形式能够在学员脑海里形成很深的印记，或者说在学员的大脑里植入一个钩子，使学员以后见到类似形式就能勾出与之相关的知识。这样更能促成知识的运用，把知识转化成具体的能力。

我们有门课要阐明一个道理：限制性信念限制着一个人的发展。主要是讲人的固有信念系统里有很多限制性信念，限制了人的创新与发展。这类试图改变学员态度的课程，干巴巴说教显得非常苍白，我们怎么做呢？

课堂上，老师先引导学员做游戏。开场就拿出一袋土豆和一捆吸管，为了证明吸管的柔软，老师还专门把吸管折两下给学员看。老师问："谁能用这根吸管扎穿一个土豆？"第一次动员通常只有一两个人愿意试试。那些资历越老、年龄越大、职位越高的人越不愿意试。之后老师再动员几遍，就有更多的人愿意尝试，最后，干脆每人发了一个土豆和一根吸管。10分钟之内，就有不少人扎穿了。没有扎穿的人也坚信，如果再给他点时间，他也一定能够扎穿。做完这个游戏后，老师问大家，为什么你们一开始不愿意试？为什么几乎所有人一开始都不相信自己能扎穿？请大家分析这个游戏说明了什么问题。学员通常会说，他们一开始根本不相信吸管能扎土豆，最后说出：是自己的限制性信念限制了自己——这就是教学效果。

上了这门课以后，甚至有人在食堂打饭的时候，跟我打招呼说："田校长，我看到食堂的土豆就想起你给我们讲的课了。"若干年后，

| 第五章 | **课程开发,精雕细琢精品课**

还有学员反馈:"工作中碰到不敢试的事情时,就会想起扎土豆的游戏。一想到扎土豆,我就充满了信心。"形式与内容相得益彰的教学效果最好。如果没有扎土豆这样的形式创新,单凭老师讲道理,学生早就腻味了。

*   *   *

用上述五大标准来评价这个形式设计:参与——能做到全班尝试,5分;破框——确实打破信念了,5分;获得——每个人都挑战了不可能,很有成就感,5分;荣耀——敢于尝试或者快速完成任务的学员会获得特殊荣耀,这个游戏本身也可以是他们课后聚会时炫耀的素材,至少4.5分吧;连接——跟教学内容、学员旧知识的连接都超一流,且真的形成心锚[①],5分。

形式创新无极限,实践中可以给课堂活动的五个维度分别打分,并努力思考每个维度如何改进才能提高。

2. 五大结构基模

好课程必须用好的结构把不同的内容组织起来。课程如果缺乏令人信服的内在逻辑结构,给学员的印象就是一堆知识点堆砌起来的拼盘。如果把内容比作美食,结构就是盛食物的盘子;如果把内容比作珠子,结构则是把珠子串成项链的链子。在开发一门新课程

---

① 心锚,属于条件反射的一种形式,指人的内心某一心情与行为某一动作或表情的链接,而产生的条件反射。——编者注

时，我通常会做一轮主题阅读，读几十本书，脑海里横七竖八摆了很多知识点的时候，就需要梳理出内在结构。梳理结构的过程分三步：首先，从内容碎片里探索其背后的内在联系；其次，架构一个组织框架；最后，根据这个框架决定内容的取舍。

逻辑结构是高级思维的产物。我在"课程结构"这一单元的讲授上，也是先收集学员脑海里结构严谨的作品（不限于课程），然后带领大家分析这些作品结构的特点，发现尽管组织精妙的作品琳琅满目，其结构无外乎几种基本范式的演变或叠加，我称之为"结构基模"。

我们生活在三维世界，最基本的结构有两大维度：时间维度和空间维度。这两大维度又演变出五种基模。

（1）组成基模

空间维度最常见的是实体的物理组成结构。比如一套房子由三室两厅一厨一卫组成，每个组成部分都是实实在在地存在，按方位组织起来的。认知心理学发现人们是按图式提取信息的，比如，一提到"书房"这个词，人们就会自然联想到书柜、书桌、椅子、台灯、本子和笔等元素。组成结构也可以理解为按事物的图式组织内容，简单直接，也容易被学员理解和接受。产品应用类的课程就可以按照组成产品的若干部分或产品具有的若干功能为逻辑，一个一个介绍。各个部分或功能都介绍完了，组织起来就是一个整体。

（2）分类基模

与物理空间相对应的是人的思维空间，思维空间里充斥的是各种概念，概念是思维加工的结果。在概念空间里事物总会被分类，如生物学上对物种的分类：门、纲、目、科、属、种，任何一种植物或动物都能分到这个分类体系之下。其实人的大脑对知识的存储方式是树状的，任何一个信息进入大脑，都要将其按重要特征分门别类地划归到既有的分类树下面。分类结构有一个原则就是"不重复，不遗漏"的 MECE（Mutually Exclusive Collectively Exhaustive）原则。比如人可以分为男人和女人，就是遵循 MECE 原则的。如果有人说人可分成女人和老年人，那就有遗漏，也有交叉重复。

（3）时序基模

时间维度的典型组织非常容易理解，做事情的先后顺序、组织管理中的流程、程序等都是按时间组织起来的。从结尾往前追溯的倒叙模式也算时序基模。技能又称为"程序性知识"，凡是技能都有操作步骤，所以，技能类课程多采用时序基模。前文提到，在认知心理学中，人们对某种事件典型的流程形成的印象叫作"脚本"。销售类课程通常就按照脚本进行，从建立联系，到了解需求，再到探讨方案，最后促进成交，是一个典型的销售过程脚本。

（4）因果基模

严格意义上讲，因果关系属于加强版的时序关系。有因才有果，有果必有因，因一般在前，果一般在后。种瓜得瓜，种豆得豆，首先时间上必须先种后收，其次才是种什么种子结什么果。我们的大脑天生对因果联系比较敏感，看到一个奇怪的现象就禁不住要探究造成这个结果的原因，因此，用因果关系连接起来的课程就像悬疑片一样，很容易抓住学员的注意力。因果关系中常见的是一因多果或一果多因式的复杂对应，常常会发展出多条线索，造成多种基模叠加的复杂结构。

我还曾经提出过一种状态转移基模，比如水的三态变化，蝴蝶从卵、幼虫、蛹再到蝶的蜕变过程，其实都可以归为既有时序也有转化条件的因果基模中去。

（5）层级基模

最后一个常见而综合的基模是层级基模。层级既有类别的意思，也有时序的成分；既可以完全是物理空间的实物分层，也可以是思维空间的概念分层，因此，最为综合。就好像游戏，游戏会分为很多级，进阶是需要条件的，这就构成了因果关系；而这些条件常常又是分类的，嵌入了分类关系，甚至每个分类要达到晋级的要求又可以设置一些条件。因而，层级结构常常可以轻松整合其余几种结构基模。

* * *

任何复杂都是简单的叠加，五大基模可以变化出很多复杂多样的结构。其实我还总结了更简练的五个字：维度程序化。从空间看，无非维度，维就是事物可以分的部分或方面，既包含实物组成，也包括概念分类。度则衡量某个具体的维所达到的程度。维是质的分类，度是量的积累。度的提升只会线性改善，维的拓展常会

第五章 课程开发，精雕细琢精品课

带来跨越式发展。从时间看，无非程序，程是事件的总体历程，序是事件的先后顺序。程是实现目标的路径，序是路径上某个环节的先后。决定用什么样的程往往又取决于考虑问题的维，决定孰先孰后的序也往往受维的重要程度影响。最神奇的是第五个字：化。化实际上是维、度、程、序间相互转化的过程的中间态。

从诸多素材中梳理出内在结构，形成课程自己的体系主张无疑是一个艰巨的工程。在多年实践中，我总结的经验是：**用有序整合无序，用已知整合未知**。即用已经验证结构精妙的作品，用类比的方式把无序的素材有序化，就像用蛋糕模子把松散的原料做出蛋糕一样。举个例子，我们已知的手机是结构完整的，假如你正在开发某课程，只有一堆素材，不知道如何架构，就可以用类比的思维问自己：假如某课程像手机，那么，其界面是什么？其内存是什么？其CPU处理什么？其电池是什么？把现有的素材用类比的方式往已知有序结构里装。当然可以有多套类比方案，每一次尝试其实都是对已有素材的深度加工，也是探索素材内在的联系。一定要尝试用多种结构组织课程。我的很多课程一开始都有两种结构，在实践中根据效果确定其中一种。

课程开发也要敏捷迭代

在建构主义基本信仰的基础上，对有问题没答案的病构问题，则采用行动学习的方式找答案、达共识；对有问题有答案的"良构"问题，采用精品课程开发和五星教学结合的方式培训。所以我说：建构主义＋精品课程开发＋五星教学＋行动学习＝所向披靡。而行动学习和精品课程开发是一阴一阳的两条基本线，阴阳交泰而万物化生，行动学习可以当作课程开发的手段，课程可以看作行动学习的成果整理。在这方面我们做了大胆的尝试。

1. 有方向即可组织研讨

企业的实际运行情况往往是这样的：最高管理者大手一挥，整个企业要往某个方向转型，而从经营班子开始，大家对领导的战略意图理解不一致，甚至各人还有各人的小算盘，所以顶层只能确立方向，却没有精力也没有能力做具体的执行细则设计。执行层当然就不知道该怎么办了，一线工作人员根据自己理解的领导意图去摸索，好在实践出真知，摸索久了就会逐渐形成一套自己的经验。这样就有了同一战略意图下的不同流派，每个流派都有最佳实践。领导的意图是天，一线的最佳实践是地，领导的意图也经常是考察了各地的实践归纳出来的，叫作"接地气"，最佳实践也经常被全面推广，就"接上了天"。组织的变革永远是顶层设计和底层创新实践的两头凑，我一向认为底层实践的作用更大一些，因为底层更接近客户、更务实、更符合大多数人的利益需要，我们国家农村的包产到户、新农村建设等政策都是先有了基层最佳实践，然后再进行全国推广的，这样的模式符合最广大人民的利益，所以更有生命力。有的企业提出的一些政策，是先有顶层政策，再经各级组织逐级落实，其在落实过程中难免遇到上级和下级利益冲突、执行层变相扭曲的尴尬。

智慧在民间。所以，当最高管理层提出一个方向性的改变策略，或者业务开展过程中遇到意外的挑战和问题时，一个较好的选择就是把一线骨干召集起来，就新的战略意图的落地或意外挑战的应对进行行动学习。即使一开始没有问题，也可以先用行动学习，搜集一线精英们在业务开展过程中遇到的真实问题。找对问题很关键，管理咨询界有一句话：只要找对问题，问题就解决了一半。

2. 有问题即可开研讨班

接下来又是一个颠覆常规的动作，即在没有课程的情况下，也可以开展培训，举办研讨班。查尔斯·汉迪说："只要对过去所经历的事情进行深入的反思，学习就发生了。"学习是一件很自然的事情，不一定只发生在课堂上，课程也绝对不是课堂不可或缺的东西。只要有了意图方向，罗列出实际的问题，就可以召集一线的业务骨干开研讨班。

研讨班上只要抛出紧贴业务的针对性问题，就可以组织业务骨干进行深入的探讨，可以是经验分享，可以是质疑批判；可以有正面案例，也可以有反面教材；可以彼此借鉴，也可以协商改进……总之，所谈话题只要是真实的，是来自业务实践的，都是很可贵的素材。

我相信多数人跟我一样，喜欢听来自业务一线的鲜活的故事。

在这样的研讨班上，课程开发小组可以搜集到很多鲜活的业务故事，这些故事都可以逐一记录下来。故事在培训中的作用极大，可以作为抛场景的素材，也可以作为回答问题的参考，好的故事本身也有思想的线索。一堂课下来，人们可能忘了老师所讲的道理，却容易记住几个生动的故事，想起这几个故事，就能调出故事背后隐藏的道理。

在研讨班上，光引导业务骨干分享还不够，还可以进一步引导大家对所提出的问题找到一个相对优秀的答案。这个答案是诸多一线业务精英实践经验的择优和综合，因为来自业务实践，所以具有比较普遍的适用性；因为来自业务精英，所以相对来说比较优质。这些答案也许不够系统和完善，但最大的好处是实用、有效。解决企业经营的实际问题，永远没有最好，只有更好。

3. 把研讨成果加工成课程

研讨班结束后，课程开发小组有了很丰富的素材，接下来的任务就是把这些研讨的成果组织成课件。问题是现成的，答案也是集思广益的，至少做个问答汇编是可以的。10年前我就主持开发过一个"客户常见问题集锦"的销售工具，罗列了客户常问销售员的问题，每个问题都给出一个参考答案。这些问题和答案是我组织当时的业务精英们集思广益研讨出来的，虽然五花八门，看起来很凌乱，不成体系，但确实比较实用。实用的未必有体系，体系化的也未必实用。

| 第五章 | **课程开发,精雕细琢精品课**

把研讨成果加工成课程,还需要读一些书,找一些理论依据。我们都知道理论源自实践又指导实践的道理,给最佳实践找到理论依据才更有说服力,才不会被人认为是局部适用的土办法;反过来,我们也可以根据理论按图索骥地寻找最佳实践,甚至可以按照理论指导创新性地开展工作,发展最佳实践。孔子讲:"质胜文则野,文胜质则史。文质彬彬,然后君子。"我们引申一下,最佳实践好比"质",理论指导好比"文",实践没有理论指导,显得像野路子;理论没有实践支撑,也显得空洞教条,两者结合才相得益彰。

此外,课程开发组要根据实际情况尽量把课程做得精致一些,既要注意结构逻辑,又要注意表达形式。当然,万一情势所迫,条件不允许,简单堆积成 1.0 版也未尝不可。既然是解决企业实际问题的敏捷课程开发,那一定是效率第一,兼顾质量;实用第一,兼顾系统。只要持续把先头部队的最佳实践用行动学习的方式开发成课程,再面向全员复制,整个组织的能力就会显著提升。

4. 边讲授边完善课程

接下来就可以开正式的培训班,上有课程的课了。敏捷开发的第一个版本一定要找课程开发小组中最有经验的老师来讲,他的能力足以应对各种突发情况。

上课过程一定要用五星教学法,充分组织学员研讨,听学员的反馈,坚信学员给我们的会更多。我把五星教学法称为培训领域的

"吸星大法"，每堂课下来，老师能搜集到很多很好的案例和其他素材。本书中列举的好多案例都是我在上课过程中学员分享的，甚至有些学员分享的案例比我准备在课堂上举的例子还要精彩，所以我就把最经典的记录下来，以备后续上课使用。后来发现其实每堂课都有精彩的故事，只有在学员们实在分享不出更好的故事时，我才会把以前课堂上收集的故事拿出来分享。可见，用五星教学法，一堂课下来，老师往往是收获最大的人。

课堂上，只要采用了五星教学法，老师就有机会发现学员真正关心的问题、真正的疑惑和误区，这就为进一步的课程优化提供了依据。课后，课程设计组也可以根据老师与学员在课堂上交互的情况对课程进行进一步优化。所以我反复说：老师在帮助学员建构知识的同时，学员也在帮助老师建构课程。

5. 课程不厌百回改

敏捷开发的核心思想是反复迭代，套用到课程开发上，那就是"形成课件—上课—收集意见—更新课件—再上课"这样的反复迭代过程。所以精品课程是磨出来的，在出精品课程之前，可以先做一个潦草一点的坯子，再一点一点地打磨。

我们在开发精品课程的过程中，每周都会拆课。我们把派出的授同一门课的所有老师集中起来，用行动学习的方式，让大家分享自己在授课中遇到的挑战和应对的方法，以及从学员处得到的启发和搜集到的好案例，把其中优秀的内容和值得借鉴的经验再吸纳

| 第五章 | **课程开发，精雕细琢精品课**

到课程中，对课程进行一次升级，然后让大家拿着升级的版本再去讲，坚持几次，课程就会不断完善。

《礼记·学记》里讲，所谓"教学相长"，即"学然后知不足，教然后知困。知不足，然后能自反也；知困，然后能自强也"。什么叫作"教然后知困"？我认为，它有两重含义，一是知道学员之所困，即授课过程中的难点；二是知道老师自己之所困，包括课程设计的不足和老师知识储备的不足。建构主义的课堂就是一个场，在这个知识的场上，老师和学员都进行建构，老师引导学员完成知识思想建构的同时，学员也在不知不觉中帮助老师建构课程。教学相长的真正含义是：学员、老师、课程的持续良性循环。

文章不厌百回改，课程何尝不是？很多老师把课程讲一遍、两遍就厌倦了，再讲下去就产生了应付的心理。这样的精神和态度是很难开发出精品课程的，借古人的话说就是：用心躁焉。

06

第六章
学习项目，促人改变的系统工程

人的改变是一个复杂的系统工程，越急功近利，越会事与愿违。

|第六章| 学习项目，促人改变的系统工程

越来越多的人意识到零散的培训不足以促使员工能力提升，仅仅学习一些理论也不足以促成员工行为的改变，仅仅传授理论知识的课堂对组织绩效的贡献更是微乎其微。人的改变是一个复杂的系统工程，越急功近利，越会事与愿违。符合人类认知与行为改变规律的做法是开展较长周期的系统化学习项目。学习项目以学员的深度改变为目标，紧密结合业务实际，综合理论学习、社会学习及实践学习等多种学习手段，最终以能够感受到的学员改变和绩效结果来衡量项目的成果。

从知到行的螺旋迭代循环

组织学习中最大的误区是把复杂的改变过程简单化成讲道理，导致道理听了一堆，学员还是没有改变。所以，为了做好学习项目，必须深度挖掘有效改变背后的学习过程，探究除了传授理论之外还有哪些工作要做，思考哪些原本很重要的工作却被我们长期忽视，才导致培训没有效果。

在大量教学实践基础上，我提出有效学习的过程应该分四步：第一步，学员从外界获取知识和信息；第二步，消化吸收这些知

识，将其整合到自己的心智系统中，即认知整合；第三步，通过大量的刻意练习把认知改变转化为可外显的改变，即表现整合；第四步，学员能够以全新的行为模式解决实际问题，提升工作绩效，即情境整合。可见，获取信息仅仅是万里长征的第一步，行动才是真正学习的开始，获取知识只是行动前的必要准备。但现实情况是，除第一步外，有效学习尚有三个重要却被长期忽视的环节。

1. 认知整合

人不会不加选择地全盘接受来自外部的知识，没有人会罔顾自己的知识和经验而轻信别人的理论体系。在学习过程中，学员会把老师所授理论和自己已有知识体系及经验进行关联，从而形成自己的理解。如果学习过程在社会环境下进行，每名学员还可以把自己的理解分享出来，与老师和同学交换意见。在社会化交流中，每个参与者都会受到一些触动，继而升级自己原先的理解，形成新的认知，这就是社会化建构的过程。维果茨基认为，人类区别于灵长类动物的这部分高级机能是在长期的社会活动中发展出来的，学习过程中必然伴随着不同个体间的社会协商。

理论是抽象的产物，有原则性和方向性的指导意义，却很难直接付诸实践创造价值。学员唯有把外来知识的种子种植在自己知识经验的土壤上，建构出个人版本的理解，才能有所领悟。这时，知识不再是知识，而升级成为学员的见识。我们所感受到的众口一致的所谓标准答案，仅仅能说明学员外在的表现是一致的，而内在的

第六章 学习项目，促人改变的系统工程

思维过程千差万别。比如我问：陕西省的省会是哪里？几乎所有人都能脱口而出：西安。尽管外显的答案是标准的，但不同个体从收到问题到从脑海里提取答案的过程中，所激活的旧知识和经验是不同的，有人激活了兵马俑，有人激活了凉皮、肉夹馍，有人激活了十三朝古都，有人激活了大雁塔……学习过程也是如此，不同个体在学习新知识的时候，在大脑内建立的新知识与旧知识的关联是不一样的，因为每个人的旧知识是不一样的。因此，教学的任务就不是简单粗暴地把知识塞到学员的大脑里，而是帮助学员将外来的知识与自己已有的知识经验进行整合，从而生成个人版本的认知。

认知整合是学员主动完成的创造性脑力劳动过程，学员内在把老师所授的知识关联越广——尽可能多地与自己的旧知识和经验关联，将来越容易提取和应用，我称之为"野蛮关联"；关联越深——与自己心智模式中已有的看问题的深层思考方式关联，将来越容易灵活运用，我称之为"深度思考"。认知整合完成的标志是学员把新学的知识与已有的知识结构浑然整合成一体，完成心智模式的升级。

2. 表现整合

形成个人版本的认知只是意识脑的学习。知仅仅是行之始，知识还远不是能力。要把认知变成能力，还需要学员有意识地把新习得的个人版本认知在言行举止中表露出来。表现整合又可以分为行

为整合和态度整合两种。

（1）行为整合

我认为，技能是能付诸实践的套路。套路可以通过理论学习得到，但要付诸实践必须由学员的认知脑有意识地教行为脑学习。稍微复杂的行为是由一系列简单的甚至是无意识的小动作组成的。比如读一个刚认识的字，知道这个字的读音仅仅是完成了认知部分，要完成发音的任务，则要把这个字的拼音发音与自己已有的发音技巧和嘴部动作等技能完美地结合才可以。

学习技能需要学员有意识地把新学的知识和已有的能力有机地结合起来，才能最终成为能够表现出来的能力。新习得的认知大部分必须嫁接在已有的基础能力之上，小部分需要刻意练习、发展培养，实现各类成分技能的有机协同。行为整合的典型方法是刻意练习，有目标、有套路地反复重复，实现新套路与老技能的整合。而刻意练习最终要实现的是根据内、外部反馈来修正个体认知和套路，不断提升个体认知和已有能力的自洽度。这个过程也可以理解为学员的意识教会自己的潜意识使行为自动化，同时有意识地根据行为产生的结果修正个体认知和套路的过程。换句话说，行为整合和认知整合是相互影响、交叉迭代进行的。

（2）态度整合

有时候，学员新习得的认知不表现在行为上，而表现在态度上。所谓态度，就是附着了浓厚情感的认知。当学员从外界获取信

第六章 学习项目，促人改变的系统工程

息，并完成内在的认知整合之后，就需要把这份认知付诸情感，我称之为"态度整合"。态度整合的关键是把学员习得的新认知和已有的情感经历、情结故事进行关联，同样需要学员主动用自己的情感经历为新认知背书。

如果说认知整合是认知脑的学习的话，那么表现整合就是学员的认知脑刻意教自己的行为脑或情感脑将认知整合的结果表现出来；如果说认知整合是意识脑的学习的话，那么表现整合就是在意识脑的干预下为逐渐实现自动化反应的潜意识学习过程。也可以理解为认知整合是上脑的学习，表现整合是下脑的学习。

3. 情境整合

任何能力要运用到实践中解决实际问题，还要进行一项重要的工作：与具体的情境进行匹配。能力是通用的，情境是具体的，要运用通用能力解决具体问题，又涉及创造性发挥和适应性改造。无论多么权威的理论，只要你想用它解决实际问题，就必然要根据实际情况做具体分析，并创造性地把所学理论、现有技能作为成分，整合到解决问题的策略中，即所谓的综合运用。布鲁姆认为，掌握知识的最高水平就是综合运用。综合运用也是知识产生实际价值的最后环节。

有效学习不能满足于获取知识，哪怕对知识倒背如流，缺少认知整合和表现整合，遇到问题时还是束手无策。知识改变命运是个伪命题，只有知识转化成能力，并把各项能力综合运用到具体情境

中，解决实际问题，才能创造价值，改变命运。忽视中间环节单讲知识改变命运，显然是片面的。学习一开始就应该奔着应用去，我看书、听课、与人交流，每有心得，则思考如何付诸应用。要付诸应用就要透过现象看本质，吃透知识背后的指导思想，并最大限度地跟自己的旧知识和经验关联，最大可能地付诸行动或情感，在遇到实际问题的时候，才有可能综合运用知识解决问题。学习过程是学习、发展、实践、创新同时进行的过程。没有经验可以原封不动地照搬，但其中有价值的元素可以萃取，遇到问题再创造性地根据具体情况重新整合这些元素，形成全新的解决方案，这才是从知识到应用的实际流程。老中医把完脉，会根据病人的具体病症开针对性的药方，这个过程恰是透过现象看本质，根据具体情况把有效元素重新整合成针对性解决方案的过程。

4. 个体建模

但凡能够运用知识解决具体问题，应用者就会积累一份成功经验。当知识的应用屡试不爽的时候，应用者头脑里就会进行知识建模。试图把感知的线索综合起来建构认知模型，几乎可以说是大脑的思维本能。你刚认识一位朋友，在你脑海里对他的建模活动就开始了，你总是本能地根据他的各种表现，试图建构出他在你心目中的形象。过段时间再见面的时候，你会提取上次对他的印象建模，再根据这次与其交往过程的印象修正你的建模，这个过程一直都在进行，交互不停，建模不止。经验和实践的不同在于经验是在实践

|第六章| 学习项目，促人改变的系统工程

过程中对事物的建模。这个建模过程大多时候是在潜意识层面进行的，意识并没有太多参与。除非有人问你：你对××印象如何？你才会有意识地提取以前在交往过程中对××的印象建模。且这个建模是个人版本的，你对××印象如何，很大程度上取决于你的自我形象、价值观、信念和已有的知识经验等，当然有个体偏差。

大脑习惯性建模的目的是形成套路，敏捷反应。当个体在实践中完成应对某种情境的经验建模，在实践中就会根据情境线索，迅速运用模型框架进行解读，继而运用既定套路做出快速响应。

5. 集体建模

把有经验的个体组织起来，针对某一问题开展社会化研讨，比如用行动学习这样的社会化经验学习，广泛地收集个体屡次验证有效的最佳实践碎片，当碎片足够多的时候，再利用交叉类比等思维工具探索藏在表面特征背后的深层结构，借助众人的智慧把经验升华成普遍认同的理论知识。

即便不采用行动学习这样面对面的社会化学习的方式，理论研究者自己的研究也是通过大量阅读的方式广泛搜集本领域中多人的研究成果，再根据自己的实践进行思维加工，发展出新的主张或体系，实际上是个人开展的隔空社会学习，与社会化学习异曲同工。主题阅读同样是为解决某具体问题而广泛涉猎相关领域的多项前人成果的过程。社会化经验学习和社会化理论学习都是集体建模的方式，可以说集体建模是形成理论的必由之路，尽管有些理论看上去

是个人所创，但形成过程少不了集体建模这道工序。

集体建模形成的理论又能够以课程的形式在更大范围内复制。学习者在学习过程中将其与自己已有的知识经验进行整合，又回到认知整合环节，最终实现学习的闭环。整个循环过程如图6-1所示。

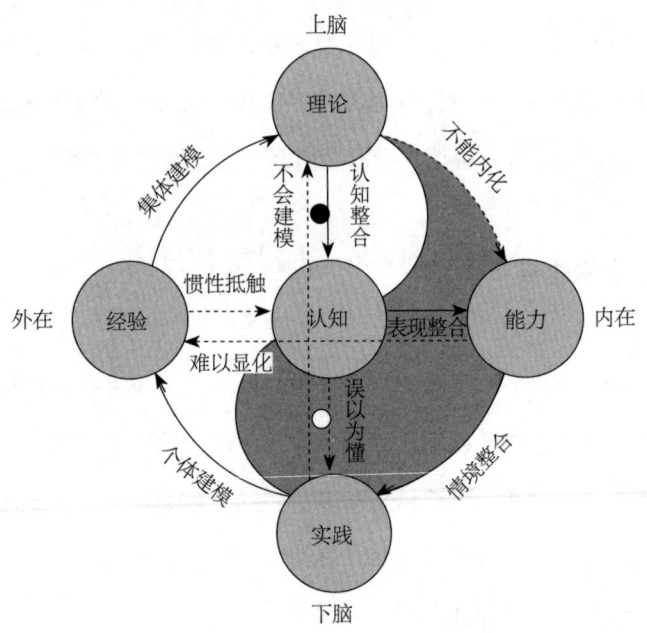

图6-1　从知到行螺旋迭代循环

这是我在十多年教学经验基础上总结的深度学习模型。这个模型揭示了外在的社会学习、内在的反思学习、上脑的有意识学习和下脑的无意识学习四者之间的内在联系，并把从理论到实践，再从实践升华到理论的动态迭代过程做了深度剖析。一切都在动态发展中，这个模型本身也不例外，还有很大的优化空间，不过其作为学习项目的理论指导仍非常有效。

| 第六章 | 学习项目，促人改变的系统工程

确定学习项目的成果框架

说到底，学习项目的设计也是一个病构问题的解决过程，要解决的问题可以描述为：在一段时间里，综合运用各种学习方式和促进策略，把学员从起始状态成功改变为某种理想状态。从这个意义上讲，学习项目设计和课程开发所用的方法论没什么区别，只是学习项目更复杂、更综合而已。可以说，定义学员的起点状态，和确定学员最近发展区域的方法没有区别。值得讨论的是确定学习项目成果框架的问题。

1. 别样的新员工训练营

某集团企业大学要打造一个样板级的新员工训练营，然后把整个项目的设计文档和课件分派到全国各大区，给各大区培养各门课的内训师，由各大区按样板自行培养当地的新员工。因为他们处在快速发展阶段，新员工数量比较多，这个项目是总裁要求的，总裁认为以前的新员工培训时间太长，效果还不好，要求压缩时间的同时有更好的效果。

设计团队向我展示了他们的设计初稿，我感觉信息量太大，新员工的认知负荷太重。我问他们为什么要上这么多门课，设计人员回答说："总裁要求压缩时间，而新员工的应知应会实在太多，这些内容已经是减了再减的结果，要是不讲这些内容，业务部门就会问责我们。"

我说："如果培训的目的是推卸责任，那么最好的办法是录制

成视频课程，要求新员工必须学习，不学习自行负责不就完了吗？必须回到学习的根本上来，新员工参加完你的训练营，应该会有哪些变化？"

设计人员说："我们只知道承袭以前必须上的课程，没有考虑过新员工的具体变化。"

我说："你讲的这些知识，新员工今天不懂明天懂，明天不懂三个月、半年后总会懂，总有一天他们会变成老员工，就都懂了。那时候，他们再回顾这个训练营，脑海里还留下什么？你现在看来重要的有可能都不重要，你认为不重要的也许才是真正重要的。"

设计人员说："难道是企业文化的熏陶？我们就是分不清什么是最重要的，才一股脑都上，把项目弄得这么庞杂。田老师，我们如何区分这些内容的重要性和优先级呢？"

我说："这个简单。你可以采访十几个从员工训练营结业半年的学员，问他们当时从新员工训练营中学到的知识哪些在工作中用上了？也可以采访这些员工的直接领导，问他员工还有哪些方面的知识或技能亟待加强？把采访结果中交集最大的作为最重要内容加强，其余内容可以做出视频课件放在网上，弄个清单，让新员工随时线上学习。"

主设人员眼睛里放出了亮光。我接着说："这就叫交叉类比。找10个新员工样板进行基础知识调查，可以初步确定他们的最近发展区域，找10个训练营结业员工进行学习效果调查，然后分别交叉类比求公约数，就可以确定新员工训练营的成果框架了。交叉类比是可以普遍适用的方法。"

2. 以能力为目标的成果框架

假如以知识作为学习项目的成果框架，设计者很容易陷入内容堆砌的圈套，可以灌输一堆知识，学员依然不具备应有的能力。

我认为，学习项目要确定以能力为目标的成果框架。不考查学员学过哪些知识，而要把培养的精力聚焦在学员应该具备的能力上。较之以学科知识体系为中心的成果框架，显然以能力为中心的成果框架的确定难度更大。

实践中，我发现交叉类比是十分有效的方法。把多个训前样本的能力进行交叉类比，可以得到起点技能；把多个训后样本的能力进行交叉类比，可以得到终点技能。终点技能和起点技能的差异可以理解为学习项目的目标，学习项目就是要用系统化的多种手段实现这个目标。当然，前文讲过，复杂能力都是由多个简单成分技能组合而成的，每个成分技能背后都必须有应知应会，社会化理论学习解决应知问题，刻意练习解决应会问题。同样，学员应有的状态属于情感领域的变化，其认知部分依然用理论学习实现，情感附着部分则通过情感关联及社会化情感共鸣来强化。

学以致用、以用促学，培养复盘师

学习项目成败的关键在于有机整合多种学习方式，促进学员走完从认知到行为改变的全过程，最终促成学员本人能感受到的改变发生，而这份改变也实实在在地促成了学员绩效的提升。

有机整合说起来容易，做起来难，也没有固定的范式，还是举例说明吧。

某上市公司想把复盘作为一种组织文化，在组织内部普及业务复盘，因此提出想培养一批内部专业的复盘师。作为他们企业大学的顾问，我完成了这个项目的设计和实施，历时4个月，最后的效果远超预期。他们做了精心的海选，筛出36位有意愿又有基础的学员，其中不少是管理层，也有不少内训师。我们协商确定了学习项目的总体目标：培养一批能够主持实战项目复盘的内部复盘师，并通过理论考试、实战作业、多维度社会评价三位一体考核学员的学习状况，给三方面考核都合格的学员颁发内部复盘师证书。

1. 系统化理论学习

首先进行的是三天的面授课程，我主讲了复盘的核心理念和方法，系统讲解了复盘对组织学习和个人发展的重要意义、复盘的原理、复盘与解决问题的耦合关系、复盘的方法步骤、复盘项目设计策略，以及复盘师的引导技巧等核心知识。坦率说，认知负荷略大。好在我的课堂教学模式不是五星教学就是三浪教学，在面授过程中穿插了很多社会学习活动，所以，学员们的学习体验还可以。结束的时候进行了理论考试，有客观题，但更多的是论述题，大都是给一个特殊的情境，要求学员综合运用所学知识制定解决问题的策略。

理论考试通过后，还要求学员做指定书籍的主题阅读。虽然复

| 第六章 | 学习项目，促人改变的系统工程

盘看起来更像是运用工具和流程推进的方法技能，但我们认为只有深度理解其认知规律、思维方法、解决问题心理学和经验学习理论等基础理论，才能把握其精神实质，在实践中能够"以道驭术"地灵活运用。

2. 有指导的实战训练

布鲁姆把教学目标分为记忆、理解、运用、分析、评价、创造几个层级。复盘本质上是一项技能，一定要通过刻意练习把课堂所学的理念付诸实践。理论学习再好，不实践也发展不出能力。

三天面授结束后，我们把学员分成三人互助小组，要求每个人至少在工作中主持一次实战复盘，每人还要作为观察员或助教参与同组同学主持的实战复盘项目。我们又把两个三人小组合并成六人大组，建立六人微信群并给每个群安排一位辅导老师。辅导老师负责督导每名学员的实战复盘开展，包括方案审查、在线指导、回答问题、行为反馈、效果评价等多项工作。

很多学员在课堂上感觉自己学会了，可在实战中却遭遇"一听就会，一做就废"的尴尬，碰一鼻子灰。他们就会把现实问题扔在自己的微信群里进行讨论，大家群策群力出招儿。还有的学员在实战中用出了课堂上老师所讲的效果，非常有成就感，也把他们的操作过程和实战心得在群里分享。无论是帮助同学解决问题、评价同学作业，还是分享自己的实战经验，都离不开对所学理论知识的深化应用。

六人微信群客观上提供了一个问题和经验交换的社会学习环境，通过这样的方式可以促使学员深化对所学复盘知识的掌握，逐级上升到运用、分析、评价、创造等层级。

3. 再次面授形成闭环

两个月后，所有学员在辅导老师的指导下有了真实的实战经验，我们再次把他们集中起来面授，这称之为"复盘的复盘"。一开场，我就带领大家回顾前两个阶段所走的路：阶段 I 从复盘理论学习切入，帮助学员完成认知整合，结合已有知识经验形成个人版本的复盘认知；阶段 II 则以互助小组的方式帮助学员把认知转化成能力并付诸实践，获得直接的体验。现在是阶段 III，再次把大家集中起来，在全班范围内收集经验碎片，探寻规律，试图对复盘理论进一步升华和拓展。同时也收集实践中遇到的挑战，用引导的方式共同探索实际操作中的各类问题应该如何应对。

阶段 III 的课程并没有特别的内容准备，完全是以问题为课程大纲的，分别带领学员探讨了复盘项目设计、控场与引导技术，以及复盘过程在找问题、找原因、找方法三个环节的难点和重点，最后探讨了复盘师个人的持续学习等话题。

这个模块完全在开放的研讨状态下进行，有的问题很尖锐，有的经验很可贵，也有不少创新。作为老师，我也从中学到了很多。学员的应用状况在课堂上很容易觉察到：那些操刀过复杂复盘项目的学员，无论是分享还是提问，内容都非常有质量，发言中表露出

| 第六章 | 学习项目，促人改变的系统工程

其深入思考和创新应用的痕迹，当然就能取得不错的成绩；那些只敢在两三个人的小项目中小试牛刀的保守型学员，则不会有太多高质量的分享或提问。

在这个环节快结束的时候，我总结说："到目前为止，我们走完了把知识付诸应用，形成经验，再收集最佳实践碎片升华知识的学习闭环，切实做到了理论学习、社会学习和经验学习的有机结合。带着这次课堂研讨中收获的对复盘理论的深化理解和最新感悟，大家又可以做一轮深化应用，接下来的一个月内，每人至少主持完成一次更具挑战性的复盘，把这次研讨所获得的新认知付诸实践，还在原来的三人小组、六人大组中相互支持。以后我们根据大家的完成情况再安排一次复盘之复盘的面授，这样我们就能够沿着这个从知到行的模型转两圈，那时候大家的功力又会大增，我们研讨的深度和质量也会大幅度提高，学习就应该这样永无止境地进行下去。"

这个环节实际上是从个体建模到集体建模的经验学习过程，在全班学员的努力下，大家对复盘有了更深刻的理解和更创新的用法，课堂满意度极高。很多学员评价说，这是其生平第一次体验到闭环的学习，感受到把知识变成能力，再在解决实际问题的基础上升华知识的螺旋向上的学习魅力，学会的岂止是复盘技术，简直是终生学习的全套方案。还有一位学员课间悄悄跟我分享："我以前多次给领导提建设性意见都被无情驳回，后来学了您的复盘师课程，就自告奋勇地担任本部门项目复盘的复盘师。在复盘的找问题、找原因、找方法环节中再次分享我提过的一些建议，大家都很认同，领导居然照单全收。原来不是领导固执，而是我给建议的方

式有问题。复盘让我们团队共同面对过去的项目，群策群力解决问题，大家都在学习态，真正有价值的建议很容易被采纳。复盘是绝好的工作方式。"

复盘师训练营的模式不失一般性，可以在组织里广泛复制，比如行动学习催化师、组织经验萃取师、五星教学引导师、学习项目设计师等多种专项技能都可以用这种学习项目的方式进行闭环学习。这样的学习才能让学员感受到实实在在的改变，才能对组织绩效有实实在在的促进。

以战代训、训战结合，培养客户经理

有机整合多种学习方式促使学员实现知行合一的闭环学习，是学习项目的指导思想，深入领悟了这套思想，在具体实践中可以发展出多种模式。下面再讲一个我深度参与的学习项目案例，介绍另一种同样能实现知行合一闭环，更能体现"上接战略，下接绩效"思想精髓的学习项目。

某知名企业战略部署需要快速扩大营收规模，因此亟须培养一批高水平的销售客户经理。他们的产品形态比较复杂，销售模式自然也是最复杂的解决方案，合格客户经理的成长周期也比较长，现有的资深销售客户经理都是以多次丢单为代价才艰难成长起来的。快速、规模地培养新销售人员，让他们少走弯路，早日成单，产生绩效，是营销老总梦寐以求的事情。

第六章 学习项目，促人改变的系统工程

我先给他们培训负责人和营销老总分享了我的知行合一闭环培养理念，再分析了他们以前培养效果不好的原因，列举了几个我操刀过的案例，他们决定尝试采纳我的方式。

1. 以实战成交为培养目标

解决方案销售的核心能力有销售策略能力、方案能力、建立信任能力和促进成交能力，我在用友大学的时候针对这些能力都开发过针对性的课程。但我觉得从理论学习入手，对急于促成销售业绩的客户经理来讲未必是最有吸引力的做法。以我在用友大学培养客户经理的经验，我觉得销售人员更应该少一些理论学习，多一些实战指导。我们决定采用以战促训、训战结合的方式，采用结果导向的成果框架，把学员能够亲自主导一次完整的成交项目作为培养目标，把实现目标所需要的核心能力融入销售项目的推进过程，根据需要及时予以指导并促其在实战中应用。以前员工抗拒培训的大部分原因并非员工不需要掌握这些知识，而是培训给知识的方式错了。知识应该按照挑战组织起来，而不应该按内容组织。我向来以为：再完美的体系不解决实际问题也是白搭，反过来，能解决实际问题，能创造实际效益的知识，哪怕不成体系也无伤大雅。

2. 任务导航，社群支持，实效评价

在具体实施上，我们还是先组织了最基础的理论学习，对知识

进行框架性介绍，不深入细节，目的是在客户经理脑海里搭建起销售工作的整体框架。继而拉一个微信群，由新销售人员及其直接领导、资深销售人员、资深售前顾问、企业大学专职讲销售的老师等人组成，还邀请了营销副总裁、产品副总裁等人加入。新销售人员大概占 1/3，其余 2/3 成员实际上都是帮助新销售人员快速成长的。

先给群里的每一名新员工指定一位导师，要求新员工在导师的辅导下运用公司的销售方法论成功签约一个订单，而且要定时汇报所做的工作和销售进展，在群里晒关键文档照片、拜访照片等实证。新员工遇到任何问题都可以在群里提问，可以指定某老师回答，也可以让大家共同讨论出主意，获得任何阶段性进展也都在群里分享，大家给予掌声、鲜花祝贺，甚至可以发红包鼓励。就这样，新员工像游戏闯关一样逐步推进销售项目，有进展，全群祝贺；有困难，全群解决；核心的知识和技能都在指导新员工解决实际问题的过程中带出来，新员工可以马上实战演练，并把应用的结果在群里分享，应用中遇到新的问题再次全群讨论解决。有时候营销副总裁也会在群里对新员工的表现做一些点评，使其备受鼓舞。新员工也可以从其他伙伴所遇问题的讨论中受到启发，运用到自己的项目中去。因此，这个活跃度很高的微信群起到了把实践学习、理论学习和社会学习有机整合的效果。新员工的学习则是：以完成销售任务为导航，以实战中遇到的问题为提纲，问题牵引出能力差距，微信群里的互动引发社会学习和理论学习，促进新员工的认知整合，在具体项目中对新知识进行刻意练习，再把运用的效果在群里反馈，引发新一轮的社会学习，带动认识升级，指导实践应用，

第六章 学习项目，促人改变的系统工程

在线上社会学习和线下实践学习的交叉进行中实现知行合一的闭环学习。反映学习效果最直接的证据就是新员工在群里晒的实实在在的签单合同，一年下来，新员工在微信群里晒过的成交合同金额累计上亿元，学习效果非常直观。顺利签单的新员工就可以退群毕业了，把名额留给下一位员工。很多新员工顺利签单了还舍不得退群。

3. 线下交流，总结提升，表彰先进

以战代训的方式实用高效，美中不足是任务导向所学来的知识终究是碎片化的居多，体系化程度不好。为此，他们又定期组织线下交流。线下交流既有系统化讲解销售体系的正规课堂，也有最佳实践的经验萃取。用公司统一的销售体系指导销售实践，反过来，又通过最佳实践的经验萃取持续升级销售体系。销售体系和销售实践形成动态的匹配过程，使销售部门在销售产品的同时，也持续发展他们独特的销售方法论和知识体系。还有，线下的交流和线上的交流味道完全不同，明星导师能够现场感受到新员工对他们的膜拜，优秀的新员工也会获得公开的嘉奖。

这就是我倡导的闭环学习，深度改变。这样的学习才会让学员有最直接的获得感，让组织者和老师有培训工作的成就感，对组织绩效也有可视化的贡献。实际问题导向最容易激发学员的学习动力。老师不必讲知识体系，而是直接用知识解决学员遇到的实际问题，这样，知识的价值就凸显出来了，学员运用知识的动力也足了。学员运用知识解决了实际问题，获得很大的成就感，而这份成就感又

成为其进一步钻研知识的动力。这样，深度改变的循环就形成了。

内化于心、外化于行，促进高管进化

高管的学习向来是组织能力提升工作的重点和难点。重点是由高管的特殊地位决定的，高管的思想落后于时代，整个组织落后于时代；高管的思想领先于时代，整个组织领先于时代。难点由高管的特殊身份所致，过往的成功、耀眼的名头都容易使人自以为是，位置高了，学习的意愿和能力却下降了。互联网时代，商业环境变化的幅度、速度和迅猛程度都是空前的，掌舵的难度越来越大，员工也越来越难领导。高管只有思想远远领先于时代、格局远远高于大众，才有资格持续坐在领导者的位置上。客观上高管学习的诉求很迫切，市场上却少有系统化提升高管能力的项目，充斥市场的都是些零碎课程，这些课程多以传授知识为主，并不能帮助高管获得实质性提升。为此，我开发了一个针对高管的学习项目，叫作"高管进化研修营"。高管进化研修营项目的设计理念也是力求整合多种学习方式，促成高管深度学习，立体精进。

1. 高管进化研修营的成果框架

高管进化研修营的总体目标是促进高管心智、心性、习性三位一体地立体精进，全面提升其模式状态、认知格局、方法体系能

| 第六章 | 学习项目，促人改变的系统工程

力、学习力及领导力。为了阐明立体精进的学习目标，请允许我把话题稍微扯远一点。

丹尼尔·卡尼曼在他的名著《思考，快与慢》中借用了基思·斯坦诺维奇的说法，把人的认知系统分为系统 I 和系统 II。系统 I 是动物本能的延续，靠直觉思考，不假思索地快速反应。系统 II 是人区别于动物的高级思维，思维逻辑严谨，理性反应，但速度比系统 I 要慢。丹尼尔·卡尼曼列举了他亲自做的大量实验来分析比较系统 I 与系统 II 的思维方式和反应模式的差异，指出正是两种模式的差异给人造成很多困扰。

我在丹尼尔·卡尼曼的基础上架构了一个系统 III。系统 III 指我们身上超越物质、超越自我的更高精神世界，其工作模式显然与系统 I、系统 II 不同。在我们内在，这三个系统同在，而且三个系统的思维模式、内在状态、外在关系、学习方式及对外施加影响方式等五个方面都各不相同。于是就形成了三大系统、五维要素的立体架构。

高管进化研修营的成果框架就是要通过一系列学习，使高管能够在工作和生活中持续提升三大系统的思维模式、内在状态、外在关系、学习力、影响力等五维要素，初步具备在工作中修行的闭环学习能力。

2. 学习活动安排

面授部分分为五个模块，每个模块聚焦一个要素，每个要素横穿三大系统。

（1）第一模块：心智进化与模式升级

该模块面授三天，学习三个系统与各自的工作模式。

我把模式简单隐喻为算法和数据。系统 I 的使命是保障身体安全，决策算法是快速判断"存/亡"，反应模式是"战斗/逃跑"模式，决策数据多来源于儿时情结。要优化系统 I 的工作模式需要深入到童年经历。很多身居高位的领导者，情急之下会迅速回到 12 岁之前的反应模式，所以，**有意识地升级迭代原生家庭中无意识习得的反应模式是每个人毕生的修行功课。**

系统 II 则比较功利，决策算法是权衡"得/失"，反应模式是理性反应，决策数据是信念和知识。系统 II 工作模式提升的重心在于更好地分配和运用自己的注意力资源，让注意力更多地聚焦在重要的事情上。

系统 III 的使命是超越自我，活出生命的意义，决策算法是"善/恶"，决策数据来源于人类集体潜意识的各种原型。高管要把事业的大愿建立在系统 III 上，才会有大格局，做真事业。精致的利己主义者，事情干得再大，也顶多叫生意，称不上事业。

该模块结束后，要求学员做觉察和改进自己反应模式的刻意练习，并把学员分为若干个促进小组相互监督、支持；同时，做童年模式和注意力管理方面的主题阅读。

（2）第二模块：状态跃迁与自我超越

该模块面授三天，聚焦高管的内在状态。

高管的心情和状态对组织氛围与绩效的影响大得惊人！有位

第六章 学习项目，促人改变的系统工程

老总与老婆闹离婚，孩子又很叛逆，业务也开展得一塌糊涂。我告诉他业务发展不好的根本原因在家庭。他很不解地问原因，我说："家庭和事业看似相去甚远，实际上共享着你的状态，瓜分精力的蛋糕。家庭的事把精力耗尽了，事业怎能干好？"家和万事兴背后的道理很深。

状态才是真正的生产力，不同的内在状态造就不同的外在结果。系统 I 的理想状态叫生理稳态，系统 II 的理想状态叫心理稳态，系统 III 的理想状态叫精神稳态。三个系统都在稳态的人，内在能力才是和谐的，不在稳态就会内心纠结。领导者有情绪低落的时候，却没有情绪低落的资格。领导者的个人状态会影响整个团队的精神状态，进而影响业务的状态。

如何快速摆脱心力交瘁的透支状态，优雅地开展事业？如何快速从低能量状态调整到高能量状态？该模块集中面对这些问题。

该模块结束后到下个模块开始前的一个多月里，学员要分小组监督做觉察和调整状态的刻意练习，并做自我意识与情绪状态方面的主题阅读。

（3）第三模块：系统思维与协同进化

该模块面授三天，从关系层面切入探究高管的修行。

关系与状态互为表里，状态影响关系，关系也影响状态。系统 I 负责人与自然的关系，系统 II 负责人与社会的关系，系统 III 负责人与系统的关系。马克思说："人的本质是一切社会关系的总和。"领导者与任何人的关系都可以转化为协同进化、陪伴成长、相互滋

养的关系。**所谓的事业不过是用社会的资源为社会办事，领导者本人借此获取合理回报并修行自己。**

领导者如何在系统框架下审视自我并连接系统能量？如何从良性的关系互动中发展自我？如何与各种关系协同进化、陪伴成长？如何把相互消耗的关系转化为相互滋养的关系？该模块集中面对这些问题。

该模块结束后，学员们要做重要关系的能量梳理练习，并阅读与人际关系相关的书籍。

（4）第四模块：塑造全人终身学习力

该模块面授三天，聚焦领导者的学习型人格塑造，探究业务发展与领导者内在成长的关系，打造全人终身学习力。

任何事业总是始于领导者内心的想法，而想法又源自学习。**唯有高管的思想持续领先于时代、学习速度远远高于社会平均水平，其才有资格持续领导团队。** 人和人、企业和企业之间的竞争终将会归为学习力的竞争。

学习的目的是改变，改变也可以理解为系统升级。系统 I 的升级需要有意识地进行刻意练习，用新习惯替代旧习惯，目标是让自己成为有安全感、不再防御的人。系统 II 的升级就是认知迭代，通过解决问题、经验萃取、复盘反思等系统工具持续升级知识体系，优化方法套路，使自己成为一个有招儿的人。系统 III 则要造访人心中自有的那个"圣人"，让自己成为有大愿、有情怀的人。

|第六章| 学习项目，促人改变的系统工程

该模块结束后一个月内，学员们要做用方法技能解决问题的刻意练习，并做与学习力相关的主题阅读。

（5）第五模块：建构全息多维影响力

该模块面授三天，聚焦于多维度影响力背后的内在驱动力，探究领导者如何为组织和个人全息式赋能。

未来的组织必须有超越传统的运作方式，对外必须能够对复杂多变的外部环境做出更快速的反应，对内又必须能够持续激发精英员工的内在动力并在工作中持续为他们赋能。

领导力就是成功改变认知、激发情感、动员行动的能力，是促人改变的能力。有效影响系统 I 的方式是"体验—感受"，有效影响系统 II 的方式是"分析—理解"，有效影响系统 III 的方式是"畅想—愿景"。领导者不仅要讲道理驱动系统 II，更要高感性地讲故事驱动系统 I，还要有格局地讲愿景驱动系统 III。

该模块也是结业模块，结束后学员们要做演讲和讲故事的刻意练习，并做与影响力相关的主题阅读。

* * *

五个模块结束后，我们按兴趣把学员分为若干个不同主题的百日转化群，用打卡的方式促进学员对所学知识进一步吸收转化。尽管每个模块聚焦的具体内容不同，实际上每次课程都是从不同的角度、借不同的抓手，帮学员实现内在三大系统的迭代升级和能量整合的。

3. 欲为学须先务本，有诸内必形诸外

这套高管进化学习项目的设计，既没有按照传统商学院的课程体系设计，战略、营销、运营、组织、人力、财务等具体的业务如何开展一律不涉猎，也没有问题导向地以高管在工作中的典型挑战为线索，把相关的知识和技能镶嵌在解决问题的过程中，而是以传统儒家修齐治平的思想，把学习的重心放在高管本人的习性、心智、心性三位一体的修养上。

有句话说：管理有技巧，千锤百炼；管理无技巧，重在做人。千锤百炼是需要把普适的工具内化成自己管理风格的转化过程，生搬硬套地运用各种工具会让自己和员工都很痛苦，要能够深层解构其核心精神并灵活运用，方显水平。重在做人就要在核心素养上下功夫，把工作和修行有机结合起来，借事修人，提升内功。内功不够，刀剑往往是给对手拿的。

孔子说："君子务本，本立而道生。"《黄帝内经》说："有诸形于内，必形于外。"魏徵说："求木之长者，必固其根本；欲流之远者，必浚其泉源。"在学了大量管理理念和工具之后，还不能很好地治理自己的企业，高管们就要考虑练内功了。

这套学习项目的目的在于全面提升领导者的底层核心素养和普适方法套路。最大限度压缩传授知识的比例，更注重在实践中产生知识的系统化能力培养，让领导者成为始终有招儿的人。同时，采用符合认知规律的教学方法和专业的教学设计，用实际问题带动知识传授，最大限度降低认知负荷，提升学习体验和吸收转化率。教

| 第六章 | 学习项目，促人改变的系统工程

学上坚持建构主义教学路线，所授内容全部是我多年在实践中发展出来且自成体系——我向来主张"己所不用，勿施于人"，没有亲自验证过的知识不讲。

有机整合多种学习方式

行文至此，我介绍了三种不同组织方式的学习项目，有理论先导，力促行为转化的悟后起修模式；也有任务导向，把知识技能镶嵌到完成任务过程中传授的以用促学模式；还有聚焦核心素养提升的内圣外王模式。

1. 整合三种学习方式

三种模式都在我的深度学习理论模型指导下，在较长周期内用系统工程的方法，有机结合理论、社会、实践三种学习方式，帮助学员打通上脑和下脑，整合外在和内在，做到深度改变。在实践中，学习项目的设计也不复杂，大原则就是要把理论、社会、实践三种学习方式搭配好，尽可能加大社会学习和实践学习的比重。社会学习的主要目的是通过交换观点促进学员的内在认知整合，实践学习的主要目的是促进学员运用知识解决实际问题。反过来，只要学员运用知识去解决实际问题，就一定会根据现实情境做适应性改造和创造性发挥，那就有必要再次把学员集中起来，用社会学习

萃取最佳实践碎片，探索更深层的内在规律，促使集体建模升华理论，知行合一的循环自然就形成了。

上述三个项目无一例外都是集中面授、分散练习交替进行的。值得一提的是，我们每次面授课的晚上都有安排，学员们相互交流从上次分别到这次见面期间的理论学习和刻意练习收获，分享自己的成长与变化，探讨在实践中遇到的困难，彼此收获都很大。通常，我们开课前一天下午还为早到的学员组织沙龙，有个第一次参加公开课的学员感叹说："课程还没正式开始，光参加沙龙的收获就把学费赚回来了。"我的导师班还流行一句话：野路子能教会野路子。那些转化能力强的学员，常常会创造性地运用更通俗的方式教给其他同学。

就具体的学习项目而言，设计者很容易发现理论、社会、实践学习比例失调的问题，缺什么就要补什么，针对性地植入一些所缺的元素，在实践中再次迭代整合。有机结合和机械拼凑的最大区别是，前者更注重三种学习方式的内在联系，建立三者相互促进的良性循环。

2. 兼顾三种技能

按照可迁移的难易程度，技能可分为三种：一种是比较难迁移但相对好培养的岗位技能；一种是比较容易迁移但相对难培养的通用技能，也叫素质技能；还有一种是比岗位技能好迁移，又比素质技能好培养的方法技能，即做事的方法套路。概言之，以培养岗位

|第六章| **学习项目，促人改变的系统工程**

技能为主要目标的学习项目比较适合以用促学模式，以培养方法技能为主要目标的学习项目比较适合悟后起修模式，以核心素养提升为目标的学习项目比较适合内圣外王模式。

无论用什么模式，都要尽可能兼顾三种技能。人们解决问题的过程也是整合三种技能的过程。素质技能颗粒度最小，就像混凝土中的水泥一样，容易被整合。岗位技能颗粒度最大，就像混凝土中的石子一样，要费点劲才能糊进去。方法技能居中，像混凝土中的沙子。岗位技能也可以理解成：为解决特定情境下的具体问题而做的方法技能和素质技能的组合搭配。

07

第七章
内训师培养，
组织学习有保障

大批素质过硬的内训师才是组织学习的有力保障。

|第七章| 内训师培养，组织学习有保障

任何组织里都有一批愿意分享、喜欢辅导新员工的人，他们是组织的宝贵资源。由内训师组成的非正式组织可以在组织文化传播、变革落地、最佳实践快速复制等方面发挥重要的作用。我认为企业大学应形成一种尊师重教的氛围和文化，并不遗余力地培养自己的内训师。大批素质过硬的内训师是组织学习的有力保障，也是企业大学能够发挥重要作用的坚实基础。

内训师的成长阶梯

内训师是一个门槛极低、台阶极高的职业。在国内当内训师几乎连资格证都不需要，可以说会说话就能当内训师。而真正好的内训师凤毛麟角，在过度炒作的互联网时代反而不显山水。在谈内训师培养之前，必须定义出好内训师的标准，也就是制定内训师培养的成果框架。

我以为，影响课堂效果最大的变量有三个——内容、老师[①]和学员，这也可理解为培养内训师的成果框架三要素。老师带着什么

---

① 本章所涉"老师"，指的是企业内训师。——编者注

样的状态上课？老师如何看待和处理与课程内容、与学员的关系？正是老师对内容、学员和自己三者定位的不同、对待方式的不同、投入精力的不同，让我们能分辨出其水平高低。我用这三个维度把老师的水平分为五个层级。

1. 第一级：被动应付级

老师在讲台上缺乏安全感，担心自己对内容掌握不透，担心学员挑战，处于挑战大于能力的被动应付状态，内心紧张，顾此失彼。

（1）课程内容：以内容为中心

上课完全以内容为中心，老师的全部精力倾注在内容本身，从头到尾沉浸在自己的世界里讲道理，认为把道理讲透是老师的职责，至于学员能否吸收则完全不是老师关心的问题。还有，老师所授内容多源自他人，缺乏自己的见地。对学员的质疑毫无准备，把学员的提问当成挑战，很容易成为知识的辩护律师。

（2）老师状态：紧张防御态

老师不自信，在课堂上缺乏安全感，全程处于应激态。最大的目标是把内容顺利交代完，全部精力投入到内容的讲解中还生怕出错；最怕课堂失控，任何意外都会激起其过激反应。为了缓解紧张，甚至把学员当成木头桩子。学员也能感受到老师的心是紧锁的，因此，他们的情感也受到压抑，课堂氛围非常死板。

（3）师生关系：把学员当成木头桩子

老师把学员的大脑假设成为一个被动接受知识的容器，罔顾学员的已有知识和课堂反应。《易经》中把天地相交的状态叫"泰"，天地不交的状态叫"否"。老师高高在上，学员便觉索然无趣，彼此各玩各的，课堂陷入天地不相交的"否"态。

2. 第二级：主动表现级

老师走出自我防御状态，不再把内容视作负担，能腾出更多精力做各种精彩演绎，甚至表现出过度自信。不足是依然不关心学员的吸收转化。

（1）课程内容：讲授内容为主

课堂依然以老师为中心进行内容讲授，进步是开始重视表现形式，在搞活课堂气氛上有显著提高，采用讲案例、做互动游戏等多种形式让课堂热闹。在老师眼里，形式只不过是糖衣片，目的是掩护他们把要讲的内容顺畅讲完。这类老师很容易把教学泛娱乐化，讲课讲得像表演，甚至把课堂当成展示个人才华的舞台。对学员而言，娱乐是消费行为，学习则是投资行为，他们希望学有所获，能够改变。热闹必须服务于效果才有意义。

（2）老师状态：强势表现态

老师对自己的内容有较强的自信，课堂上高高在上，盛气凌人，不是在证明所授内容多么权威，就是在证明自己多么厉害；讲得眉飞色舞，唾沫横飞，似乎拼命要把知识技能塞进学员脑袋里。这类老师还在努力捍卫自己的边界，要把自己与常人区分开，因而与学员没有连接，让学员有高不可攀的感觉。课后学员最深的印象多半是：老师不是一般人，我们怎么学得会？

（3）师生关系：把学员假设成要征服的对象

老师好像兜售知识的销售员，为了成交，不是竭力证明知识的价值，就是谄媚讨好客户。课堂显得热闹，互动也多，表面上一团和气，实际上彼此的内心都没有真正打开，师生都停留在设防的寒暄状态，这还是较好的情境。差一点的情况是：老师越处在证明自己的证明态，就越容易激发学员的批判态，学生的批判又把老师逼成知识的辩护律师，形成相互不服的恶性循环。

3. 第三级：教练引导级

老师把学员的吸收转化看得比内容更重要，能够引导学员进行富有成效的思考和相互启发的交流，使学习始终在对话中进行；有较多精力关注课堂氛围和学员状态，让学员始终处于创造性脑力劳动状态。

（1）课程内容：关注内容的吸收转化

老师意识到：重要的不是老师讲了什么，而是学员的脑海里发生了什么。学员掌握知识的标志是建构个人版本的认知。老师的作用不是兜售内容，而是帮助学员思考。老师不再全程讲授知识，而是更多地与学员互动，促进学员把所学知识与已有知识关联，促进学员相互分享和启发，在互动中转移知识的所有权。也因此，老师能够从学员的分享和提问中收获新的素材，深化自己对所授内容的理解。

（2）老师状态：教练引导态

老师开始把大量的精力转移到帮助学员吸收转化上。课前会了解学员基础和学习期望。课堂上，主动与学员建立很好的情感连接，在与学员平等对话中引导学员建构自己的认知。还能根据学员的现场反应，临时调整上课策略，灵活应对学员提问。老师随时有意识地觉察自己和学员的状态，不仅自己打开，还有意识地引导学员打开，师生都处在有意识的创造性脑力劳动状态中。

（3）师生关系：平等对话

老师能够真诚地与学员展开平等、开放的对话，超越表面寒暄。老师不用证明，学员不再批判，师生共同探索问题，在师生、生生之间充分交换观点，达成广泛的共识。老师能够洞察学员的外在反应和内在状态，用强有力的问题、富有成效的对话、有感染力和画面感的语言、直通学员情绪的语音语调、能给学员感觉的肢体语言等来促使学员的大脑进行有效思考。在这种互动性很强的课堂上，老师永远不会枯竭，就像掌握了"吸星大法"，课越上越丰富，案例越来越生动鲜活，内容越来越丰富贴切。

4. 第四级：师生共创级

老师授课任务的重心不再是既定内容，而是就课程要解决的问题与学员展开有益的讨论，共同解决问题。在这一过程中，老师适时抛出部分内容，启发学员更好地思考。师生在讨论中相互影响，相互学习。

（1）课程内容：重在探讨

老师不再以自己准备的内容为中心，更注重与学员进行相关问题的探讨。在问题探讨式的互动过程中，老师也在学习——学员的提问促进老师不断深化对内容的理解，学员的分享又给老师提供了鲜活的教学素材。老师与学员积极而开放的探讨过程，也是老师对所授知识的应用过程，促进了老师理论联系实际。久而久之，老师就有机会在课堂上不断升级迭代自己的课程，最终发展出自己独立的见解，形成自己的知识体系。

（2）老师状态：学习态

老师能够更进一步地打开自己，把每堂课都看作自己进步的机会。比角色更重要的是状态。课堂是一个积极开放的知识流动场，老师是站着的学员，学员是坐着的老师，参与其中的人都是学习者，学员偏重消化知识的理论学习，老师则偏重运用知识的实践学习，师生同处在社会化学习中，只不过学习的方式略有不同而已。

（3）师生关系：同学同修

老师不但给学员传道授业，自己也在教学中学习。只有把课堂当成信息交会和相互促进转化的道场，教学相长才能真正实现。

5. 第五级：浑然无我级

老师完全没有必须要教给学员的内容，学员也没有必须学到什么的期望。师生营造一个开放、轻松的氛围，参与者完全沉浸其中，进入中正平和的创造性潜意识工作状态，彼此深度连接，信息充分流动。师生共同感受发生的一切，再回到意识状态，用觉察的心解读各自的感受，收获潜意识共创的智慧。

（1）课程内容：无须准备内容

老师用方法思维、经验积累和知识积累与学员互动，不再给学员传授既定的知识，也没有具体的课程。课程以学员遇到的棘手问题为大纲，老师先用微行动学习引导学员小组研讨，继而引导全班进行开放而广泛的交流。老师用自己的知识、经验储备和教学引导技能，从容应对学员随机的问题，达到了"无招儿胜有招儿""手中无剑而心中有剑"的境界。

（2）老师状态：无意识共创态

老师和学员都沉浸在自我边界瓦解的心流状态，临时忘记了自我，忘记了时间，意识处于完全不设防的流动状态，潜意识得到最大限度的激活。课堂上有太多的脑力激荡和即兴发挥，每个人都有豁然开朗、醍醐灌顶的感觉。心流状态是相互感染的，老师率先进入心流状态后会带动学员进入心流状态。好课堂是师生完美合作的结果，相互促进的氛围一旦形成，师生都会有很大收获。

（3）师生关系：老师与学员协同进化，相伴成长

资深的老师能够把课堂营造成疗愈创伤、滋养灵性的修身道场，老师和学员共同浸泡在思想、情感、精神都充分自由流动的课堂氛围中。

* * *

总之，老师关注内容和自己越多，关注学员和场域就越少；捍卫内容和自我的能量越大，连接学员的能量越小；既定内容比例越高，现场发挥比例越低；表达欲望越强，感受和觉察能力就越弱；意识参与越多，潜意识参与越少。好老师总是让自己和学员更开放、更轻松，有更多连接、体验和感受，有更多集体创造和觉察。

内训师必备的知识体系

老师的职责是把某一领域的知识（广义的知识包含知识、技

第七章 内训师培养，组织学习有保障

能和态度）有效地传送给学员，并帮助学员完成对该知识的自我建构。从这个定义中我们不难看出，内训师要成功地把某一领域的知识传授给学员，必须具备三个方面的知识储备。

1. 领域知识

俗话说：给学生一碗水，老师自己要有一桶水。老师要有足够的领域知识和学术素养，才能够从事某领域的教学。对老师而言，在所授领域的持续积累和钻研是必不可少的。我见过一些老师，终其职业生涯只授一门课，甚至教材、教法几十年不变。老师是教人改变的职业，自己都不愿意改变，又怎么促人改变？在互联网时代，靠有限的存量知识教学显然已经跟不上时代步伐。唯有自己的学习力远远高于社会平均水平，才有资格持续当老师。

2. 认知规律

教学活动要跟人的大脑发生交互，故此，老师必须了解人的认知规律。只有符合人类认知规律的教学才是好的教学。大脑只要处于清醒状态，其每个区域都是工作的、活跃的。比如，大脑主要包括左、右大脑半球，大脑半球又分为额叶、顶叶、枕叶、颞叶和脑岛，此外，还有杏仁核、海马体、丘脑、下丘脑、脑干、基底神经等。你知道这些区域是如何接受信息和处理信息的吗？它们各自偏好处理什么样的信息？以前科学不发达，人们没有办法了解自

身时，只能通过对"刺激—反应"的分析和设计来促使人改变，于是就有了行为主义主张。而在近二三十年里，人类依靠核磁共振、PET扫描等先进技术对大脑的研究取得了空前的进展。

我们应该多了解脑神经科学、认知心理学和教育心理学的相关知识，并将其应用到培训中。

3. 教学设计

老师应该用什么样的策略把领域知识传递给学员，并促成其完成属于自己的建构？对不同性质的内容要采取不同的教学策略，要组合多种形式，最大限度激活学员大脑的各个区域，促使学员全脑参与学习，用教学框架提高学员的参与度和吸收转化率，采取丰富的教学活动持续抓学员的注意力，在传授知识的同时兼顾对学员心灵的滋养……这些都是教学设计要考虑的问题。

那些沉浸在内容中的老师，很容易忽视教学设计。不讲策略的教学造成的后果是，即便老师有一片大海，也很难有效地给到学员一碗水。教学设计的目的是用更专业的方式提升学员对所授内容的吸收转化率。在课堂上，即使授课只有一小时，也要追求学员的吸收转化率。

教学设计能力是老师必备的能力，教学设计原理是老师必备的知识。教学设计要从学员体验的角度开发课程，审视学员怎么接受课程的每一块内容，用大脑的哪一部分加工知识；信息输入会不会增加学员的认知负担，会不会让学员思维跳跃；课程要让学员沉浸

第七章 内训师培养，组织学习有保障

在什么样的氛围中，激活学员什么样的情感……无论是谁，只要能站在学员的角度，就能做出好的教学设计。

在这三个方面做得都很好的老师是可遇不可求的，事实上，这样的老师凤毛麟角。幸运的是，这三个方面常常可以互相补位。学富五车、德高望重的大师在讲课时，即使不运用任何教学策略，学员也很乐意听；引导技巧高超的老师，能巧妙地调动学员之间相互学习的氛围，也可以稍稍弥补自己领域知识不足的缺陷；对下属很了解、对人性很了解的领导，不用教学的方式，也可以让下属受益良多。

内训师必备的核心能力

内训师必备的能力可以细分很多，篇幅有限，我就归纳出最核心的三个：设计能力、引导能力和控场能力。

1. 设计能力

无论是教学还是行动学习，老师都要事先进行教学设计。老师要设计的是教学活动全过程的团队思维方式。传统的教学，老师只负责传播思想，问题是"言有宗，事有君"，没有人愿意不加分辨地全盘接受别人的思想，单纯传播思想很容易引起学员的对抗。聪明的做法是引导学员用同样的思维思考，思想是思维的产物，学员经过思考得到的思想，其所有权才是学员自己的。教学设计的任务就是设计学员的能力从起点水平到终点水平的思维路径，即学员要经过什么样的思维或行动过程逼近教学目标。

教学策略不仅要对不同性质的教学内容区别对待，还要符合学员学习过程中的思维规律乃至生理规律。这就要求老师首先要有设计的意识。好的课堂效果有一多半是设计出来的，一定不能只凭个人感觉和偏好讲。其次，要掌握设计的方法和套路。最后，还要在教学实践中持续迭代，永远使用效果更好的方式。

2. 引导能力

如果把教学设计比作编剧，那么，现场教学的促动引导就是表演。对老师而言，最具挑战性的工作是持续用语言驱动学员的思维过程。教学过程无非听、说、问、答、评等几项基本功的组合运用。如何表达才能让学员印象深刻？如何用问题驱动学员富有成效地思考？如何有效回答学员提问？如何用点评的方式给学员精准赋能？这些能力就像相声行当的说学逗唱一样，属于基本功。

引导首先要有引导的框架，五星教学、世界咖啡都可以看作引导框架。框架好比一张空白的表格，引导好比填表的过程，课堂中每个环节产出的结果都要填在表格里。

3. 控场能力

其实，人们有效学习的条件很苛刻。太亢奋不能冷静思考，太消沉又不足以激活思考；太放松难免扯得太远，太紧张又陷入防御态。课堂要恰到好处地维持在一个让学员适当兴奋又不亢奋、适当轻松又不放松的氛围。控场的任务就是把学员的研讨氛围始终维持在这个合理区间内。这就要求老师具备觉察和调整学员状态的能力、恰当运用规则的能力、促进思想和情感流动的能力、根据临场情况进行权变的能力等。

老师需要综合采用多种策略，让课堂始终有秩序地流畅进行，处在"有秩序的失控"状态。有时老师越想要控场却越难控场，越忘了控场反而越容易控场。老子说："将欲取天下而为之，吾见其不得已。天下神器，不可为也，不可执也。为者败之，执者失之。"课堂氛围实际上是所有学员的气场在相互影响、相互作用下共同酿造的，形成时人人都有贡献，反过来人人都受其影响。任何个人想操控，都难免形成"为者败之，执者失之"的尴尬局面。

内训师要保持的状态

学高为师，身正为范。老师的状态远比知识技能重要。知识技能是有意识习得的，状态则是无意识感受的。老师一定要在正确的状态下，用正确的策略和方法促进学员对知识技能的消化吸收。

1. 慈悲心

老师在课堂上要始终保持慈悲心，发自内心地热爱教育事业，始终真诚地帮助学员提升，这是老师的不忘初心、牢记使命。慈悲心有几个含义。首先，要对课堂有足够的敬畏心，尊重学员和自己的生命。课堂上的每一分钟都是宝贵的，老师在台上胡扯，就是在浪费双方的生命。其次，要发自内心地爱学员，充满激情地投入教学工作。一切不以爱为基础的教育都是无效教育，因为人只有在安全、被爱的环境下才能有效思考和学习。此外，用心比任何教学技巧都有效，老师有半点应付学员的意思，学员马上就能感受到。最后，一切教学活动都以学员的吸收转化为目的。对每一个具体的教学举措，老师都要审视是为了学员吸收转化还是为了满足自己的表现欲。

2. 雄心

雄心即信心。信心有两层含义。其一，老师自己必须处在正能量状态，信心十足。老师信心足则气场足，气场可以理解为自我形象通过潜意识的表达。有句话说：你的潜意识会出卖你。底气不足，硬装出来的强大，学员很容易觉察到。一个不自信的老师即便传授真理，学员也会产生疑问。老师的自信从哪里来？不但要有建构主义思想和教学方法套路，而且要有足够的经验积累和知识储备，当然还离不开"慈"的状态。老子说"慈故能勇"，正因为老师没有私心，一心为了学员改变，所以才有勇气说真话。可见，

"慈"和"雄"不仅不矛盾，还正好互补。缺乏自信的爱很无力，缺乏爱的自信易伤人，"慈"与"雄"相得益彰。其二，要找机会给学员信心。传授知识的同时，老师要抓住机会滋养学员的心灵。我反复强调：给学员信心远比给学员知识更重要。只要与学员有一对一互动的机会，我一般都会根据学员的状态给一些感性的点评，我称之为"精准赋能"。学员或许很容易忘掉课堂所授内容，却很难忘记老师给他积极反馈时那份美滋滋的感受。

3. 对话

学习的目的是改变，改变在生理层面上意味着大脑形成有价值的神经元连接。在学习过程中，学员的大脑一直处在对话状态，一种是与外界对话，一种是与内在的自我谈话。维果茨基说：语言既是沟通的工具，也是思维的工具。学员用和自我谈话的方式思考，这种思考促成了神经元的连接，形成有效的改变。可以说，有效学习是学员内在自我对话的结果，而所有的外在对话都是促成内在对话的手段。

课堂上信息流动的畅通性和大脑处在轻松舒展的状态是促成有价值的神经元连接的重要条件。因此，老师要力求课堂学习在师生、生生对话中进行，同时要通过学员的表情洞察其内在对话的状态。当然，要让课堂在对话中进行，老师要先管住自己的嘴。老师的说教逼迫学员成为被动的接受者，对话才能让学员成为课堂的参与者。老师停止以自我为中心的说教，课堂才好回归对话状态，从而引发学员的自我谈话，有效的改变才可期。

4. 觉察

觉察是对思维的监控，是人类大脑独有的机能。当一个人开始有意识觉察自己的思维的时候，修身就进入了快车道。在课堂上，老师始终要腾出一部分精力觉察自己的状态、学员的状态，以及整个场域的状态。

觉察自己的状态：始终检查慈悲心还在吗？信心还在吗？状态还从容吗？课堂上遇到挑战的时候，老师很容易不在状态，要先调好状态，用正确的状态应对挑战。

觉察学员的状态：学员的注意力在课堂吗？思维能跟上吗？情绪状态还好吗？是不是处在创造性脑力劳动状态下？学员消化新知的过程会主动把新知识和旧知识进行关联，一旦关联过程中遇到障碍，学员就会困惑。老师要善于觉察学员的表情，及时打消学员的疑虑，降低学员的焦虑情绪。

觉察场域的状态：课堂氛围是否轻松愉快？学习是否在对话中进行？

当然，引导学员有意识地觉察他们的思维也是老师的重要工作。觉察能力属于元认知[①]能力，是学习力的重要部分。帮助学员养成觉察习惯，将会让其终生受益。

[①] 元认知，又称反省认知、超认知等，是指人对自己的认知过程的认知。——编者注

| 第七章 | 内训师培养，组织学习有保障

* * *

以上四者合起来，我称之为"慈雄对觉"，是老师在课堂上的理想状态。老师要时刻保持理想状态是很难的，最重要的是保持一颗觉察的心，及时觉察并调整自己的状态。

有机结合三种学习内容

行文至此，我们定义了内训师培养的成果框架，优秀内训师应该具备的知识、技能和态度。接下来就要讨论用什么措施培养杰出内训师。内训师的成长，要求能够把理论学习、社会学习、实践学习有机结合，边学习边实践，边工作边提高，最终发展成为理论水平和实战经验兼具的专家型老师。这就要求：勇于把各种教学理论付诸实践，并在实践中持续发展理论；能够在教学实践中把有效果的最佳实践升华成可普遍适用的理论；能够在社会环境中博采众长，从他人的经验中学习。不谦虚地讲，我本人就是从业务人员成长为专家级老师的范本，我以自己的成长经历为原型，总结提炼出要成为专家级老师所必须修习的三种学习内容。

1. 理论学习

作为知识工作者，内训师要有一定的治学能力，能够在某个领

域内独立钻研，并在实践中逐渐发展出自己的理论体系架构。在互联网时代，内训师不能再用有限的存量知识教学员，不但要有系统的教育工作者的知识结构，而且要有较强的自学能力和独立钻研能力。

（1）阅读素养

理论学习最直接的方式是阅读。第一，快读书。在信息爆炸的今天，快速阅读已是必备技能，内训师需要通过刻意练习提升阅读速度。第二，多读书。通常开发一门像样的课程需要做几十本书的主题阅读，了解全球范围内该领域的最新研究成果，再博观约取，架构出自己的核心主张和课程结构。第三，读好书。对所在领域世界级大咖的经典书要反复阅读。经典著作通常是开时代之先河的有里程碑意义的作品，通俗作品很多为经典理论的演绎，多读经典才好把握思想发展的脉络。第四，重领悟。比获取信息更重要的是把书中所言转化成自己的见识，叔本华说过："读一个人的一本书你就轻易信了他，那么你的大脑就成了他的思想的跑马场。"在一次读者沙龙上，有读者称他把我的《上接战略 下接绩效：培训就该这样搞》读了四十多遍。其实读多少遍不重要，重要的是开卷能把你的思维带到某种状态，重要的是你从中领悟了什么，只有领悟了的才真正属于自己。

（2）系统学习

内训师应该系统地学习教育工作者应具备的教育理论知识。首先，人是怎么学习的？要研究认知心理学。认知心理学又称"信息加工心理学",介绍人们是如何获取知识、加工存储知识、提取应用知识的。其次,教育教学怎么开展才有效?要学习教育心理学。教育心理学是心理学在教育教学情境中的应用,包括学生的学习动机、针对不同对象的教学策略、师生互动等。最后,不同性质的内容怎么教?要学习教学设计原理。

(3)理论建模能力

不想自成体系的老师不是好老师。内训师并不能只做他人观点的辩护律师,而要在厚重的知识积累和经验积累下,尝试发展出自己独到的主张和理论体系。哪怕刚开始讲的课程是别人的内容,只要坚持用建构主义思想教学,让课堂在对话中进行,就能够持续迭代所授内容、形式乃至结构。坚持迭代下去,必能发展出自己独特的理解和知识结构,形成自己的体系。

这就要求内训师具备一定的理论架构和建模能力。建模可以是一种思维本能。我们总想把收集的信息综合起来,发现内在的某种关联。课堂上,最让我兴奋的是能收集不同学员做同类事情的经验碎片。当积累了足够多的碎片,我就尝试探索这些碎片背后的内在联系,试图归纳和架构一个能够整合所有已知发现的框架。建模背后有很多专业知识和方法论,内训师也应该具备这些知识。

2. 社会学习

社会学习是指在社会环境下,学习者在与他人交互的过程中获取信息、促成内在改变的学习方式。维果茨基说：不是自然，而是社会应该首先被看成人的行为的决定因素。近朱者赤，近墨者黑，社会环境对个体的影响是显而易见的。社会学习的方面很多，单就内训师持续提升的重要性而言，我以为有两种社会学习很必需。

（1）同行交流

基础相当、工作相似、志趣相投的内训师可以组成陪伴成长互助小组，定期交流，相互分享知识与心得，探讨问题与困惑，这是非常有效的提升方式。我在用友大学的时候发现，老师之间互相提点评、提建设性意见，对提升业务能力非常有效，我称之为"相互拍砖"。我们调侃说："世上本来就没有什么名师，挨板砖多了就成了名师。"还互相鼓励说："板砖总是要挨的，在后台主动找砖挨，为的是在课堂上少挨砖。"我的专家型老师训练营学员有一个总群，形成了一个同行间社会化陪伴成长环境，大家在里面分享实践中取得的成果，请教实践中遇到的问题，探讨前沿理论的来龙去脉，分析评论社会现象背后的心理学、教育学原理……只要深度参与，就会相互启发。训练营的同学还组成了多种学习转化小组，读国学、讲故事、百日转化等，都是非常理想的社会学习组织。无论做什么工作，都要积极地跟社会上的同行交流，受启发后再在自己的工作中实践，实践成果和所遇困惑又都可以成为同行交流的话题，这样就能把社会学习和经验学习结合起来。

企业大学要有意识地组织内训师的社会学习，形成内部以互促成长为目的的非正式组织，把组织内的高潜人才都发展成为内训师。我在用友大学的实践表明，内训师群体的平均成长速度快，被提拔得也快，被提拔的内训师更有资源、有平台、有影响力开展内训工作，几年积累下来，整个组织的学习生态就改变了。

（2）开放课堂

我自己的社会学习大部分在我讲课的课堂上进行。每年讲一百多天课，每堂课都是在与学员的对话中进行的。在这种开放的课堂上，师生都收获颇多，学员收获的是知识、技能；我收获的是学员分享的鲜活素材、来自实践中的真实问题，而这些素材可以丰富我的内容，这些问题可以激励我做更深入的研究。

3. 经验学习

经验学习中有两个方面最重要：一是自上而下地把认知转化为能力的刻意练习；二是自下而上地从教学实践中复盘反思，迭代提升。要想成为任何一个领域的专家，对你所从事的工作没有十次八次的重新定义是不行的；而认知提升带动行为改变，就要做刻意练习；不同的行为又会带来不同的结果，通过复盘再次迭代理论，这样就形成了"重新定义—刻意练习—复盘反思"的从上脑到下脑再到上脑的良性循环。

（1）刻意练习

任何一项需要熟练掌握的动作技能都是多项成分技能有机整合

的综合表现。比如书法，要写一手好字需要掌握多个成分技能：字本身的笔顺和结构、每一个笔画该怎么写、每一个偏旁部首该怎么写、不同字放在一起的视觉效果等，王羲之练字的时候甚至在自然和生活中去体验每个笔画的神韵。如果你能写一手好字的话，说明你的潜意识已经能够自动整合所有这些成分技能了。你如果字写得不好又想有所提高，首先要诊断短板出在哪个成分技能上。再比如，弹钢琴的成分技能有：第一，会识谱；第二，会指法，能把谱子上的每一个音符匹配到钢琴的琴键上；第三，掌握合适的强弱、节奏；第四，沉浸在音乐的氛围中并融入情感。实际的技能掌握过程是一个循序渐进的过程。需要有针对性地练习每一项成分技能，再花较大的精力完成多种成分技能的有机整合。每一个新的成分技能都需要通过"认知—实践—感受"循环完成强化整合。

　　对此我有个比喻：强化就像磨豆腐，磨一会儿就要再加点豆子，加点水，不断有增量，不断有产出。没有任何基础，想突击式地掌握一个复杂的技能几乎不可能。一位好老师应该有把某一门课讲过20遍以上的经历。讲前5遍的时候，老师的大部分意识和精力都倾注在要讲的内容上，基本顾不上学员。当讲到6遍到15遍的时候，老师才能运用很好的形式，观察学员的反应，营造良好互动的氛围，有效控场。讲到15遍以后，老师才能真正体会到建构主义教学的真谛，才能超脱内容、忘掉自己，与学员融为一体，一起建构。很显然，每一遍都要有点变化，有所提升。

（2）复盘反思

复盘反思是一个人心智模式的迭代。就像手机 App 需要常常更新一样，人的心智系统也要常常更新。互联网加快了迭代的速度，手机 App 几乎每周都在迭代，初发版功能很一般的 App，可以通过持续的迭代演变为广受欢迎的 App。人的心智系统也类似，迭代优化的速度比最初的天赋重要得多。

复盘的本质是促进人们以过去真实的经历和体验为素材，挖掘其中有价值的规律和方法，以期用于未来类似的实践中。在实践中，我并不花太大的力气备课。老师备课越充分，课堂越容易陷入自己预设的轨道中而缺乏弹性和发挥创造性的乐趣。相反，我会花大力气复盘，把原本用于备课的精力投入课后复盘中，一切在我意料之外的情况我都要认真复盘。不要轻易放过每一堂课，要从每次授课的经历中获取成长的滋养。当老师把课堂复盘当成习惯，成长就开始加速了。

4. 输出倒逼转化

有的老师把一门课讲了 10 年都没有变化，还自我标榜其课程已经高度模块化和标准化了。事实上，用同样的模式一茬茬地糊弄学员，到头来受害最深的不是学员，而是老师自己。如果老师不把课堂当成自己学习的重要阵地，哪怕教一辈子也只是低水平的重复。

如果老师能够践行建构主义教学思想，让课程在对话中进行，在课堂上有意识地让自己走出舒适区，情况会完全不一样。

首先，把知识转化成见识的一个好办法就是逼迫自己当老师，再给别人传授。包政老师在他的《管理随笔》中说："我经常跟学生讲，也许我看过的书没你们多，但我看懂的书肯定比你们多。看不懂就讲不出来，我看书从不浮皮潦草、自欺欺人。"语言既是交流的工具，也是思维的工具，逼自己给别人讲或写书的过程，也是老师吸收转化知识的过程。好处有二。其一，自己会思考具体经验中起作用的成分——什么东西该讲，什么东西不该讲；什么东西该详细讲，什么东西可以一代而过——当老师做这些决策的时候，其思维就在做去粗取精的升华加工。其二，讲出去的东西又可以获得学员的反馈——怎么讲学员一听就明白，怎么讲学员会茫然——这些反馈会促进老师对自己的知识和经验进行迭代加工，如此反复，把经验升华为知识就变得容易了。这也是我特别享受讲课的原因。

其次，在课堂上刻意练习。授课所需要的成分技能很多，听说问答评、语音语调、肢体语言、控场能力、洞察学员状态等，无一不需要在实践中提升。我非常不喜欢简单地重复，即便讲同样的课程，也会尝试用不同的方式讲。既可以在讲授中安插某项成分技能的刻意练习，也可以尝试用不同的场景和问题切入，还可以试图融入最近读书的领悟，总之，我总要让自己恰到好处地走出舒适区，始终处在创造性脑力劳动状态下，久而久之，我的每门课都会发展出多种讲法。我的课堂要追求的效果是：让新学员听出似曾相识的感觉，让老学员听出焕然一新的感觉；每讲都要不同，每听都有斩获。

最后，课后要复盘。我对于刻意设计的部分和学员反应出乎意料的部分要重点复盘。既要有教学策略有效性复盘——老师可以在脑海里回放整个课程的过程，看哪些环节还可以优化；也要有教学内容的复盘——课堂上学员问了哪些问题？展开了哪些有意义、有价值的讨论？学员有什么精彩的案例分享？学员的问题有没有促成老师更深层的思考？

就这样，不断地通过理论学习和复盘提升自己对教学的认知水平，再通过刻意练习有意识地在教学中运用和检验自己的认知，最后通过对教学过程的复盘再次提升认知水平，就形成了"认知迭代—刻意练习—复盘反思—再认知迭代—再刻意练习—再复盘反思"的正向循环。让自己每过一段时间都有新的认知、新的行为和新的体验，形成螺旋式迭代，就像树一样一年一个年轮地成长。

帮助内训师发展个人风格

老子说："大道甚夷，而民好径。"在学习上老有人想走捷径，梦想一夜成为大师。倘若简单照搬大师的套路就能一夜成为大师，那么大师几十年的功夫岂不白瞎了？假如要移栽一棵参天大树，不管费多大的力气，最后的结局常常是把树整死。可行的做法是，栽一棵树苗，借鉴别人养树的方法，自己把它养成参天大树。

1. 析取名师风格的核心特质

齐白石有句名言:"学我者生,似我者死。"意思是说:向我学习的人可能会成功,模仿我的人一定会失败。每个老师展现出来的课堂风格其实都是其自身多种特质的综合表现,因此想全盘照搬是不可能的。较好的方法是从其表现出来的风格中析取出某种特质,让自己也发展出这样的特质。这也是标杆学习效果不好的深层次原因——绝大多数学习者不具备从综合表现中析取特质的能力。

我们只能从不同人身上学习不同的特质,比如向史蒂夫·乔布斯学创新特质,向尼克·胡哲学习积极乐观和坚忍不拔的精神,向沃伦·巴菲特学习市场洞察力等。每个人都可以多找几个自己喜欢的榜样,逐一剖析他们身上的特质,再考察哪些特质与你接近,是可以发展的。也可以先剖析自己身上的特质,然后找具备这种特质的榜样,了解他们是如何把这些特质综合表现出来的。

2. 整合发展个人风格

马尔科姆·格兰德威尔在他的书《异类》中指出:成功源自优势的持续积累。斯科特·考夫曼在他的名著《绝非天赋》里提出:成功人士常常把大脑的多个优势进行组合开发,形成组合优势。人的禀赋和优势不同,组合开发和发挥优势的风格也不同,任何人的成功都需要结合自己的天赋才干和个人特质,形成自己独特的风

第七章 内训师培养，组织学习有保障

格。我的授课风格就是我独特优势的组合表现，其他人要照搬我的风格却未必有我独有的天赋才干和优势特质。

学习中真正挑战的是在把握了别人成功背后的关键要素和精神实质后，能够结合自己的天赋才干和优势特征，边学习，边实践，边发展，依据自己的优势打造出独特的风格。我要成为这种独特风格的世界第一，你要成为你自己独特风格的世界第一。刻意模仿我，你永远是我的影子，成不了自己。你可以向我学习如何把独特优势整合发挥之道，但不能学习我的风格本身。我在导师班面试的时候经常会问对方："你觉得最适合做老师的特质有哪些？你是如何把这些特质综合运用，充分体现在你的课堂上的？"

由此可见，每位老师的特质不同，修身的功课也完全不同。每个人的持续学习都可以理解为独特的学习项目；每个人都可以在掌握了综合学习发展规律的前提下，主动结合自己的特质规划学习路径，并有机整合理论学习、社会学习、经验学习等多种学习方式，用较长时间把自己塑造成有独特风格的好老师。

老师是比较容易实现在工作中修行的职业。我一向认为把教师比作蜡烛是错误的，教学并非意味着"燃烧自己，照亮别人"的蜡烛般地牺牲，而是照亮别人、更能富足自己的双赢过程。老师可以从学员满意的反馈中得到更多激励，从学员成功的实践中得到更多激励。积极心理学研究表明：给予得到的幸福比收获得到的幸福感更强烈——老师从学员感恩中得到的幸福更持久、更强烈！老师还可以把课堂当成运用知识、收集素材、发展自己体系的

道场。老师是永远有机会跟年轻人相处的职业，老师能让自己的心永远年轻。

职业经理人退休后的最佳归宿是当老师。为此，作为兼职内训师的你要趁早行动：

- 多读书，老师应该有厚重的知识储备。
- 向身边的牛人学习，挖掘他们成功的特质。
- 珍惜每一次授课的机会，那也是刻意练习的机会。
- 学会复盘反思，不轻易放过每一段经历。
- 在实践中逐渐整合和发展出自己的独特风格。

系统化培养专家型导师

离开用友大学后，我开展的第一个项目就是专家型导师训练营，刚开始的名字叫"田俊国弟子班"，截至2019年年底已经举办了六期。我以为改变国内培训现状的大愿要从复制专家型导师开始。一位深度改变的老师能够影响成千上万的学员，学员再去影响他们的学员，形成燎原之势后，全面改变也并非难事。为什么课堂都是灌输式的？因为老师们当初上学的时候，他们的老师用这种方式给他们上课，身教远胜于言传。所以，当务之急是培养一批体验过建构主义课堂并从中受益而产生深度改变的老师，他们再以同样的方式在各领域、各地方影响更多的老师，使其深度改变。

|第七章| 内训师培养，组织学习有保障

1. 专家型导师的成果框架

什么叫"深度改变"？我在导师班里开玩笑说，深度改变就是你在回顾往事的时候，可以把你的人生分为两个阶段：一个阶段是上专家型导师训练营之前，另一个阶段是上了专家型导师训练营之后，与之前判若两人。

可以从三个维度定义专家型导师的成果框架。

首先是状态。专家型导师应该始终处在积极自信的正能量状态。只有自己状态是平和的、能量是自洽的，才能有效影响他人。哪怕偶尔状态不好，也有能力快速调整自己的状态。同时，还要长期有意识地让自己恰到好处保持学习态，激活人区别于动物的高级机能。专家型导师一定是自身人格健全，处在快速迭代的轨道上，并掌握教学方法能够有效帮助别人成长的人。

其次是学习力。只有学习力远超社会平均水平的人才有资格当老师。专家型导师须具备独立的理论学习、社会学习、经验学习三方面的能力，能够把外在信息交流、内在的心智建模、上脑的认知迭代、下脑的模式升级等多种学习活动有机地结合起来，持续更新自己的心智模式和反应模式。

最后是专业影响力。教学的本质是促人改变，这可不是仅凭三寸不烂之舌就能做到的。人都喜欢自我主宰的感觉，没有人喜欢被人影响。老师须懂得促成改变的认知规律，不仅能讲道理影响学员的意识，还能够用自己的状态影响学员的潜意识，使其能够运用多种方式有效帮助学员富有成效地思考，从而生成自己改变的理由和策略。

2. 专家型导师学习项目设计

专家型导师训练营的学习项目，在大概半年的时间里安排四个模块，每个模块有四天的面授学习，在两次面授间隔的一个多月里，我们会安排刻意练习和经典阅读，四个模块结束后还会安排学员自组织的百日转化。前六期结业的绝大多数学员都有学习前后判若两人的感觉，语音版和文字版的学员反馈在我的公众号"田俊国讲坛"中都能找到。

（1）第一模块

头三天讲授"为促进学生改变而教学"，内容包括促人改变的三驾马车、五星教学、三浪教学、建构主义核心主张、老师的状态位、学员的状态调整及控场等。使学员能够处在正确的状态下，运用建构主义教学理念和五星教学法开展教学活动。第四天讲授专家型导师之路，带领学员确定自己成为专家型导师的成果框架、实现策略和当下的刻意练习作业。

本模块结束后到第二模块开始前，安排大家集体阅读《认知心理学》，每人做一项对自己而言最紧急、最需要提高的刻意练习，并用五星教学法开展实战教学，结成互助小组进行社会学习。

（2）第二模块

头三天讲授"讲法：从说教到赋能"，内容聚焦课堂上老师的几项基本功：听、说、问、答、评。开始先讲老师的意识与潜意识和学员的意识与潜意识同时参与的课堂对话模型，再对五项基本功深挖详练：深度聆听——不仅要听对方说什么，还要感受怎么说，语义解读和状态感受同等重要；立体表达——用语言激活不同脑区工作，形成共鸣效应；强力提问——如何用强有力的问题驱动学员富有成效地思考；魅力回答——直接给答案远没有驱动学员进一步思考有效；赋能点评——借点评为学员精准赋能。第四天讲授"个人发展与家族模因"，让学员暂时关闭意识脑，用系统的视角感受自己的使命与身份，调整状态，梳理能量。

该模块结束后的作业是连接家族能量和讲故事练习，集体阅读《教育心理学》。

（3）第三模块

前三天讲授"玩转行动学习"。行动学习本质上是社会化经验学习，凡在多人参与的社会环境中，行动学习总能派上用场。这三天全程用行动学习的方式教学，使学员能够运用行动学习原理剖析常见行动学习工具的团队思维过程，根据学习任务创造性地设计行动学习方案，把行动学习灵活运用到不同的工作情境中。第四天又用体验的方式讲授"个人发展与师道传承"，帮助学员感受老师曾经对自己成长的重大影响，进一步梳理能量和调整状态。

该模块结束后的实践作业是亲自设计行动学习项目并担任催化师开展行动学习，集体阅读《教学设计原理》。

（4）第四模块

前三天讲授"精品课程开发"，内容包括：课程开发的病构问题实质、表现型目标、不同性质内容的教学策略、教学过程框架、教学活动设计、课程结构设计等。最后用工作坊的形式让学员体验到在课堂上开发课程的迭代过程。第四天同样一改画风，关闭认知系统，开启感受系统，学习"陪伴成长，协同进化"——后三个模块的第四天分别从家族、师族、友族三个方面调整学员的状态，使其能够运用系统方法审视自己，梳理能量。

该模块结束后的实践作业是自主开发一门课程，并进入百日转化环节。

3. 效果远超预期之谜

这套专家型导师的培养体系也是用我在课堂上开发课程的迭代思想逐渐发展出来的，培养效果远远超过了我设计之初的预期，也给了我很大的激励。我在面试学员的过程中说得最有底气的话是："我以多年的江湖地位向你保证，无论你的预期有多高，你在这个班里的实际收获会高于你的预期。"

为什么我敢这么说？因为我们的设计本身就是超预期的，很多人是冲着学点方法、工具来的，很快就喜出望外地发现我们给他的远比他想学的多得多。我们秉承全人深度学习理念，力求做到"道术兼顾、智慧同修、德艺双馨"。

- **道术兼顾：** 借术悟道务求"探赜索隐"，把握工具背后的精髓要义；以道驭术力求"穷神知化"，达到"运用之妙，存乎一心"的境界。

- 智慧同修：智是分别能量，慧是连接能量；老师不仅要整合发挥自己的独特优势，还要始终做到融入群体，平等对话，启发思考，在传授知识的同时滋养学员的心灵。
- 德艺双馨：老师工作的舞台在学员的脑海里，学高为师，身正为范，老师的所讲和所作所为都是学员学习的内容，所以专业能力很重要，师德也很重要。

这个项目看上去像是重在培养岗位技能，实际效果却是大幅度提升了学员的核心素养，也颠覆了我原来秉持的素质技能不可能短期大幅提升的限制性信念。很多学员感慨，这实际上是解决整个人生如何立体精进的修行训练营。对有志于成为专家型导师的同仁而言，这确实是国内最好的学习资源。

参考文献

1. 盛群力等.21世纪教育目标新分类[M].杭州：浙江教育出版社，2000.

2. 高文，徐斌艳，吴刚.建构主义教育研究[M].北京：教育科学出版社，2008.

3. 盛群力，宋洵.走进五星教学[M].济南：山东教育出版社，2010.

4. 田俊国.上接战略 下接绩效：培训就该这样搞[M].北京：北京联合出版公司，2013.

5. 田俊国.精品课程是怎样炼成的[M].北京：电子工业出版社，2014.

6. 田俊国.讲法：从说教到赋能[M].北京：电子工业出版社，2018.

7. ［美］克里斯·阿吉里斯，唐纳德·舍恩.组织学习Ⅱ：理论、方法与实践[M].姜文波，译.北京：中国人民大学出版社，2011.

8. [美]丹尼尔·平克.全新思维：决胜未来的6大能力[M]高芳，译.杭州：浙江人民出版社，2013.

9. [美]诺埃尔·蒂奇.领导力循环[M].杨斌，译.杭州：浙江人民出版社，2014.

10. [美]戈尔茨坦.认知心理学：心智、研究与你的生活（第3版）[M].张明等，译.北京：中国轻工业出版社，2015.

11. [美]安德斯·艾利克森，罗伯特·普尔.刻意练习：如何从新手到大师[M].王正林，译.北京：机械工业出版社，2016.

12. [美]M.戴维·梅里尔.首要教学原理[M].盛群力等，译.福州：福建教育出版社，2016.

13. [美]杰克·韦尔奇，约翰·拜恩.杰克·韦尔奇自传[M].曹彦博，孙立明，丁浩，译.北京：中信出版社，2017.

14. [美]斯科特·考夫曼.绝非天赋：智商、刻意练习与创造力的真相[M].林文韵，杨田田，译.杭州：浙江人民出版社，2017.

15. [美]罗伯特·鲁特-伯恩斯坦，米歇尔·鲁特-伯恩斯坦.创意天才的思维方法：世界著名创意大师的13种思维工具[M].王美芳，王蕾，译.北京：电子工业出版社，2018.

16. [美]麦克·格尔森.如何在课堂中使用布卢姆教育目标分类法[M].汪然，译.北京：中国青年出版社，2019.

17. [英]罗伯逊.问题解决心理学[M].张奇等，译.北京：中国轻工业出版社，2004.

18. [英]雷格·瑞文斯.行动学习的本质[M].郝军帅，赵文中，唐长军，译. 北京：机械工业出版社，2016.

19. ［加拿大］罗杰·马丁. 整合思维［M］胡雍丰，仇明璇，译. 北京：商务印书馆，2010.

20. ［日］高杉尚孝. 麦肯锡问题分析与解决技巧［M］郑舜珑，译. 北京：北京时代华文书局，2014.

21. ［日］野中郁次郎，绀野登. 创造知识的方法论［M］马奈，译. 北京：人民邮电出版社，2019.